Anselm Ricker

Pastoral-Psychiatrie zum Gebrauche für Seelsorger

Anselm Ricker

Pastoral-Psychiatrie zum Gebrauche für Seelsorger

ISBN/EAN: 9783743334182

Hergestellt in Europa, USA, Kanada, Australien, Japan

Cover: Foto ©berggeist007 / pixelio.de

Manufactured and distributed by brebook publishing software
(www.brebook.com)

Anselm Ricker

Pastoral-Psychiatrie zum Gebrauche für Seelsorger

ZUM

GEBRAUCHE FÜR SEELSORGER

VON

DR. ANSELM RICKER, O. S. B.

K. K. UNIVERSITÄTS-PROFESSOR.

ZWEITE AUFLAGE.

WIEN, 1889.

IN COMMISSION BEI **HEINRICH KIRSCH**

(VORMALS MECHITHARISTEN BUCHHANDLUNG)

SINGERSTRASSE 7.

DRUCK VON A. KEISS.

Vorwort zur ersten Auflage.

Bei meiner mehr als vierzigjährigen Praxis in der Seelsorge kam ich öfters in die Lage Geistesgestörte pastorell behandeln zu müssen. Es fiel mir in den ersten Jahren der seelsorglichen Thätigkeit oft schwer das Richtige zu treffen, da in jener Zeit die psychiatrische Wissenschaft überhaupt, und namentlich in Oesterreich weniger gepflegt und in der Theologie den angehenden Seelsorgern bezüglich der Behandlung dieser Kranken keine Instructionen gegeben worden sind.

Allmälig habe ich mir theils durch theoretische Studien, theils durch genaue Beobachtung mir vorgekommener Fälle und durch den freundschaftlichen Verkehr mit psychiatrischen Aerzten, so viel Kenntnisse erworben, dass ich die Resultate meiner Studien und gemachten Erfahrungen bei den Vorlesungen über Pastoraltheologie verwerthen konnte.

Ich habe vor mehreren Jahren durch einige Semester specielle Vorträge über Pastoral-Psychiatrie gehalten, um die Theologen, welche für die Seelsorge bestimmt sind, mit jenen Grundsätzen bekannt zu machen, welche sie bei dieser heiklen aber sehr wichtigen Thätigkeit zur Anwendung bringen können.

Um den Seelsorgern auch in weiteren Kreisen nützlich zu werden, habe ich mich entschlossen, diese umgearbeiteten und erweiterten Vorträge der Oeffentlichkeit zu übergeben.

Ich bin mir genau bewusst, dass die Aufgabe keine leichte ist, zumal zwei wichtige wissenschaftliche Gebiete — Psychologie und Medicin — berücksichtigt werden müssen; ferner wurde die Arbeit dadurch erschwert, dass in dieser Richtung für Theologen und praktische Seelsorger noch keine Anleitung besteht Es erschienen zwar vor einigen Decennien einzelne literarische Werke unter dem Titel „Pastoral-Medicin‘, allein diese enthalten mehr allgemeine Verhaltungsregeln bei verschiedenen pastorellen Thätigkeiten, aber keine speciellen Instructionen zur Behandlung Geistesgestörter. Da nun die vorliegende Schrift die erste Arbeit auf diesem Gebiete ist, so dürfte der Anspruch auf eine gütige Beurtheilung gerechtfertigt sein.

Der Beweggrund, der mich bei dieser Publication hauptsächlich geleitet hat, ist, die Theologen und praktischen Seelsorger, die berufen sind für das Wohl der Menschen zu wirken, mit jenen Grundsätzen bekannt zu machen, welche geeignet sind für eine rationelle Pastoration der psychisch Kranken.

Die psychiatrischen Schriften, die ich mit grossem Fleisse durchgearbeitet und vielfach benützt habe, sind:

Dr. Heinroth: „Lehrbuch der Störungen des Seelenlebens";

Dr. Esquirol: „Die Geisteskrankheiten";

Dr. Marc: „Die Geisteskrankheiten", übersetzt von Ideler;

Dr. Griesinger: „Pathologie und Therapie der psychischen Krankheiten";

Dr. Erlenmeyer: „Wie sind Seelenstörungen in ihrem Beginne zu behandeln";

Dr. Leidesdorf: „Lehrbuch der psychischen Krankheiten";

Dr. R. v. Krafft-Ebing: „Lehrbuch der Psychiatrie".

Dr. Emminghaus: „Allgemeine Psychopathologie".

Nebst einigen Aufsätzen aus der wissenschaftlichen Zeitschrift „Natur und Offenbarung" habe ich bei dem zweiten und vierten Vortrage mehrere theologisch-philosophische Schriften benützt.

Gott möge diese Arbeit segnen, dass sie den Seelsorgern bei ihrem erhabenen Berufe in der Behandlung der Irren, dieser Aermsten aller Armen, als sicherer Leitstern diene. Wer sich dieser Armen in Liebe annimmt und sie nach Kräften zu retten sucht, der erwirbt sich um die menschliche Gesellschaft ausserordentliche Verdienste.

Monat Mai 1888.

Der Verfasser.

Vorwort zur zweiten Auflage.

Der freundlichen Aufnahme und der wohlmeinenden Besprechung dieses Büchleins verdanke ich, dass ich nach so kurzer Zeit eine neue Auflage zu veranstalten in der Lage bin. Zu einem ganz besonderen Danke fühle ich mich verpflichtet, den ich hiemit dem hochwürdigen Herrn Max Huber, S. J. ausspreche, der sich die ausserordentliche Mühe gab, mein Buch nicht bloss einfach zur Kenntnis zu bringen, sondern in eingehender Weise zu besprechen.*) Er hat in überaus grosser Freundlichkeit und Güte die Vorzüge des Buches hervorgehoben, er hat aber auch als gründlicher Kenner der Philosophie und gewandter Theologe in zarter und liebevoller Weise auf die vorkommenden Mängel hingewiesen. Ich war bemüht, so weit als möglich,

---

*) Beilage des »Correspondenz-Blattes für den katholischen Clerus Oesterreichs«. 1889, Nr. 10.

die weisen Rathschläge des Herrn Recensenten zu befolgen.

Ferner kann ich nicht unterlassen, auch dem hochwürdigsten Herrn Prälaten, Dr. Franz Hettinger, herzlich zu danken, der mir mündlich mitgetheilt: ‚Ich war hocherfreut über das Erscheinen ihres Buches, und habe es allen meinen Hörern auf das Wärmste empfohlen‘. — Das Urtheil eines so eminenten Gelehrten ist mir überaus werthvoll.

Aenderungen habe ich im 2., 3., 4., 8. und 9. Vortrage vorgenommen.

Gottes Segen begleite diese Arbeit.

Monat November 1889.

Der Verfasser.

Erster Vortrag.

Begriff der Psychiatrie. Die Psychiatrie oder Seelen-heilkunde ist die wissenschaftliche Darstellung der gene-tischen Entwicklung der Geistesstörungen zum Behufe einer entsprechenden rationellen Therapie dieser krankhaften Zu-stände. Die Psychiatrie ist eine ‚wissenschaftliche Darstellung‘, indem sowohl die Pathologie als Therapie dieser anormalen Zustände auf bestimmten Principien beruhen. Die ‚genetische Entwicklung‘ muss bei der Behandlung der Seelenstörungen ebenso genau erwogen werden, wie bei den blos somatischen — bei den krankhaften Zuständen des Leibes; ja eine ratio-nelle Therapie ist bei den Psychosen nur dann denkbar und möglich, wenn die krankhaften Erscheinungen in ihrem Ent-wickelungsgange und in ihren Entwickelungsformen genau beobachtet und auf ihren Entstehungsgrund zurückgeführt werden, da bei den psychischen krankhaften Zuständen, namentlich in den ersten Stadien, der aus der Erfahrung ab-strahirte Satz ‚cessante causa, cessat effectus‘ seine volle Rechtfertigung findet.

Begriff der Pastoral-Psychiatrie. Nachdem der Begriff der Psychiatrie überhaupt festgestellt worden ist, kann

man den Begriff der Pastoral-Psychiatrie ganz richtig folgendermassen formuliren: „Sie ist der systematische Inbegriff jener
Regeln und Vorschriften, welche der Seelsorger bei der Behandlung Geistesgestörter mit Rücksichtnahme auf die allgemeinen pastorellen Grundsätze zu befolgen hat".
Vor Allem muss bemerkt werden, dass die Menschenseele
an sich als Geistwesen niemals erkranken, wohl aber in ihren
verschiedenen Functionen beeinträchtiget und gehemmt werden
kann, und zwar entweder durch Abnormitäten oder sonstige
Störungen in den Organen, an welche die Seele bei ihren
Thätigkeiten nach Aussen gebunden ist. Insofern nun bei den
Störungen oder Abnormitäten des menschlichen Organismus
die Seele ins Mitleid gezogen wird, und dadurch bezüglich
ihres ewigen Heiles sehr leicht gefährdet werden kann: ist es
erklärbar, dass die Behandlung derartiger Kranker in den
Bereich der seelsorglichen Thätigkeit des Priesters gehört. Es
ist aber auch selbstverständlich, dass von Seite des Seelsorgers
die grösste Umsicht, Aufmerksamkeit und Klugheit erfordert
werden, denn die Erfahrung lehrt, dass durch ein unverstän-
diges und unkluges Verfahren bei der Behandlung solcher
Leidenden jede Heilungsmöglichkeit für alle Zukunft vereitelt
werden könnte. Ebenso lehrt aber auch die Erfahrung, dass
ein kluger und gewandter Seelsorger durch eine rationelle
Behandlung der Geistesgestörten, namentlich im ersten Stadium
der Krankheit, günstige Erfolge erzielt, und dass durch des
Priesters einflussreiche Mitwirkung so manche Unglücklichen,
die der grössten Gefahr ausgesetzt sind, im düsteren Nacht-
leben des Geistes unterzugehen, gerettet werden.
Schon aus diesen wenigen Andeutungen geht zweifellos
hervor, dass es wünschenswerth, wichtig, ja dringend nothwendig ist, besonders in unserer Zeit, in der die Zahl dieser
bedauernswerthen Menschen mit jedem Tage in schreckenerregender Weise zunimmt, den angehenden Seelsorgern
Pastoral-Instructionen rücksichtlich der Behandlung Geistesgestörter zu ertheilen. Darüber kann wohl kein Zweifel ob-
walten, dass dieser Gegenstand einen Zweig der Pastoral-
wissenschaft bildet: handelt es sich ja um eine ganz vorzüg-

liche pastorelle Thätigkeit in dem erhabenen Berufe des Priesters
als Seelenarztes.

Die Aufgabe der Pastoral-Psychiatrie muss also vorzüglich
darin bestehen: den angehenden Seelsorgern bestimmte, aus
der Erfahrung abstrahirte Grundsätze anzugeben, welche sie
vorkommenden Falles bei Geistesgestörten zu berücksichtigen
und in Anwendung zu bringen haben. Weil aber diese Regeln
und Vorschriften sich nicht blos auf die Erfahrung stützen,
sondern auch aus den wissenschaftlichen Forschungen der
Physiologie und Psychologie resultiren, und mit Rücksichtnahme
auf die Resultate der medicinischen Psychiatrie aufgestellt
werden, und somit eine wissenschaftliche Form und Basis
haben, ist die Pastoral-Psychiatrie eine „systematische Darstellung" von Grundsätzen und Normen. Weil aber bei allen
seelsorglichen Thätigkeiten des Priesters die allgemein geltenden
pastorellen Grundsätze — zur Heiligung der Menschen —
normgebend sind, ist damit zugleich auch der Begriff Psychiatrie
präcisirt. Es handelt sich ja hauptsächlich um die Rettung des
ewigen Heiles, um die Heiligung der Seele, die bei solchen
Kranken in der grössten Gefahr schwebt. Hiemit ist auch
zugleich unser Standpunkt genau bezeichnet.

Zur Klärung und Feststellung unseres Standpunktes ist
es wünschenswerth, die Seelsorger auf manche Eventualitäten
aufmerksam zu machen und einige directive Andeutungen in
Erinnerung zu bringen. Sind ja auf diesem sehr heiklichen
Gebiete vielfache Collisionsfälle möglich, und der Seelsorger
könnte leicht bei einem unklugen Benehmen in folgenschwere
Conflicte gerathen. Es sind vorzüglich zwei Punkte, die eine
besondere Berücksichtigung verdienen und die man nie aus
dem Augenmerke verlieren darf, diese sind: erstens die verschiedene, divergirende und principielle Auffassung und Beurtheilung der Seelenstörungen, und zweitens die leider
bedauernswerthe Thatsache, dass manche Aerzte, namentlich
auf dem Lande, eine dem Seelsorger weniger freundliche
Stellung einnehmen.

Wer auf dem Gebiete der modernen Philosophie und in der
Literaturgeschichte der schönen Naturwissenschaften Umschau hält,

kann sich die Ueberzeugung verschaffen, dass beinahe von den meisten Vertretern dieser Wissenschaften der Dualismus in der Natur — die wesentliche Verschiedenheit von Geist und Materie — als ein überwundener Standpunkt bezeichnet wird. Ebenso unleugbar ist die natürliche Folge hievon, dass die Anthropologie, welche diese Männer lehren, auf ganz materialistischen Principien erbaut ist. Nach dieser Anschauung und Auffassung gibt es eigentlich kein selbständiges und immaterielles Seelenleben, und was wir Functionen des Geistes nennen, wird von den Vertretern des Materialismus nur als Bethätigung des leiblichen Lebens bezeichnet, und zwar in einer eigenthümlichen und in ihrer Annahme und Aussage ganz unerklärbaren Weise. Eine ausführliche Behandlung dieses Gegenstandes wird der Inhalt des nächsten Vortrages sein.

Der allein richtige Standpunkt, von dem aus die räthselhaften Erscheinungen des gestörten Seelenlebens des Menschen am besten beurtheilt werden können, besteht ohne Zweifel in der christlichen Anthropologie. Wird der Mensch als die Synthese von Leib und Seele aufgefasst, wird ein selbstständiges, vom Leibe wesentlich verschiedenes Sein und Leben der Seele angenommen, die aber bei ihren Lebensbethätigungen nach Aussen an den organischen Leib gebunden ist: so findet die Seelenstörung ihre richtige Erklärung in der Verstimmung der unmittelbaren Organe, deren sich die Seele bedient, in der Verstimmung oder Krankheit des Gehirns und des Nervensystems.

In einer Pastoral-Psychiatrie genügt es nicht den wissenschaftlichen Standpunkt zu bezeichnen, von dem aus der Seelsorger diese krankhaften Zustände zu beurtheilen hat; es muss auch hingewiesen werden auf das Verhältnis des Seelsorgers zu den Aerzten. Es ist wünschenswerth, dass den jungen Priestern directive Winke gegeben werden, dass sie bei gewissenhafter Erfüllung ihrer Pflicht als Seelenärzte mit den Söhnen Aeskulaps in keinen Conflict gerathen, um ja nicht durch übereiltes und unkluges Eingreifen sich der Gefahr auszusetzen, eines Uebergriffes beschuldigt zu werden und eine schwere Verantwortung übernehmen zu müssen, wodurch ihre

derzeitige Stellung erschüttert und vielleicht ihre ganze Lebens-
zukunft zerstört würde.

Um in dieser Beziehung den Seelsorgern richtige Instructionen zu ertheilen, muss wohl unterschieden werden
zwischen der seelsorglichen Thätigkeit des Priesters in den
grösseren Städten und auf dem flachen Lande oder im Gebirge.
Diese Unterscheidung wird folgendermassen gerechtfertigt. In
den grösseren Ortschaften und Städten wird es wohl selten
vorkommen, dass die Leute bei derartigen Krankheitsfällen sich
zuerst an den Seelsorger wenden, sie nehmen ihre Zuflucht
gewöhnlich zu einem Arzte oder wenden sich an einen
Specialisten. Ferner ist in den grösseren Städten den Leuten
die Möglichkeit geboten, derartige Kranke bei Zeiten in eine
psychiatrische Heilanstalt zu bringen, was auch anzurathen
und in manchen Fällen absolut nothwendig ist. Denn 1. ist es
wünschenswerth und sehr vortheilhaft, dass der Kranke aus
seinen dermaligen Verhältnissen herausgerissen werde, weil so
der Ideenkreis, in welchem diese Unglücklichen sich bewegen,
abgeschnitten wird, und damit ist schon ein Factor der Geistesstörung entfernt. 2. Die Uebergabe eines solchen Kranken in
eine psychiatrische Anstalt ist von besonderer Wichtigkeit und
grossem Nutzen, weil die Familienglieder fast immer einen sehr
nachtheiligen Einfluss auf den Zustand des Kranken ausüben,
so lange er sich unter ihnen befindet, und 3. weil in diesen
Heilanstalten durch rationelle Behandlung das Uebel erfolgreicher bekämpft und gehoben werden kann, besonders bei
den ersten Anfängen solcher Leiden

Sollte es aber doch geschehen, dass die Angehörigen
solcher unglücklichen Kranken in den Städten sich an den
Seelsorger zuerst wenden, so kann dieser nach seinen erworbenen psychiatrischen Kenntnissen und bereits gemachten Erfahrungen Rath ertheilen, aber jedenfalls empfehle er einen Arzt.
der auf dem Gebiete der psychischen Krankheiten einen
Namen hat.

Anders aber gestalten sich die Verhältnisse in der Seelsorge bei Landgemeinden, wonach auch die Thätigkeit des
Priesters bei der Behandlung geistesgestörter Kranker einiger-

massen modificirt werden kann. Die Erfahrung lehrt, dass der
Priester in der Landseelsorge, namentlich in kleineren Gemeinden, die einzelnen Familien, ihre Verhältnisse und die
physischen und moralischen Zustände der einzelnen Familienglieder genauer kennt, durch welche Kenntniss er schon in den
Stand gesetzt ist, eine ziemlich richtige Diagnose stellen zu
können. Ferner ist bekannt, was sich auch aus dem Verhältnisse des Seelenhirten zur Gemeinde leicht erklären lässt, dass
die Pfarrkinder in vielen Angelegenheiten, auch in solchen, die
nicht direct auf das Seelenheil Bezug haben, sich an den
Priester wenden, was namentlich oft der Fall ist bei Geistesstörungen. Dies aber geschieht einerseits, weil sie in ihren
geistlichen Vater ein grosses Vertrauen setzen, andererseits,
weil sie häufig der Meinung sind, dass bei diesen krankhaften
Zuständen der Priester besser zu rathen wisse, als der Arzt;
zumal man nicht selten die Erfahrung machen kann, dass es
mit den psychiatrischen Kenntnissen mancher Landärzte nicht
besonders bestellt ist, was namentlich in entlegeneren kleinen
Gebirgsdörfern der Fall ist.

Da kommt es nun hauptsächlich darauf an, in welcher
Beziehung der Priester zu dem Arzte steht. Ist das Verhältnis
zwischen Beiden ein freundschaftliches (was wohl im Interesse
der guten Sache zu wünschen wäre), stehen sie im guten Ein-
vernehmen zu einander, kann man eher günstige Erfolge durch
das beiderseitige Einwirken auf den Kranken erwarten. In
diesem Falle wird der Seelsorger mit dem Arzte sich besprechen, wird ihm seine Meinung, sowie die gemachten Erfahrungen mittheilen; sie werden sich einigen in Betreff des
Vorgehens bei der Behandlung, werden berathen über die anzuwendenden Mittel. Durch ein derartiges harmonisches Zusammenwirken kann, wenn nicht sehr ungünstige Verhältnisse ob-
walten, ein günstiges Resultat erzielt werden.

Ist aber der Fall, was leider nicht selten vorkommt, dass
der Arzt eine weniger freundliche Stellung dem Seelsorger
gegenüber einnimmt, so ist die Aufgabe des letzteren eine sehr
schwierige, und es wird von seiner Seite die grösste Klugheit,
Sanftmuth und Geduld erfordert. Unter solchen Umständen

richtet sich die pastorelle Behandlung des Geistesgestörten nach den Grundsätzen, die in der Pastoral-Psychiatrie aufgestellt werden und die vorzüglich den Inhalt dieser Vorträge bilden. Es möge aber jetzt schon bemerkt werden, dass im Falle einer vorkommenden derartigen Erkrankung die Angehörigen des Kranken, die sich zuerst an den Seelsorger wenden, erinnert werden, den Arzt zu Rathe zu ziehen: nimmt die Krankheit einen gefährlicheren Charakter an, und sind die Angehörigen der Familie in der Lage, über materielle Mittel verfügen zu können, empfehle man ihnen einen Specialisten für diese Art Krankheiten, am Allerbesten aber wäre es, solche Kranke in eine Anstalt für Geistesgestörte zu bringen.

Nachdem die hohe Bedeutung und ausserordentliche Wichtigkeit der Pastoral-Psychiatrie für den Seelsorger dargestellt worden ist, zugleich auch der richtige Standpunkt bezeichnet worden ist, von dem aus diese Disciplin behandelt werden muss: dürfte es wohl angezeigt sein, einen psychologischen Grundriss zu construiren, um einen tieferen Einblick in das Seelenleben zu gewinnen. „In unserer phrasenreichen Zeit", sagt Marc, Psych., I. Bd., S. 8, „thut es Noth, sich nach giltigeren Beweisen für die innere Wahrheit und feste Ueberzeugung von wissenschaftlichen Grundsätzen, besonders wenn sie die sittlichen Verhältnisse betreffen, umzusehen, als der gespreizte Pathos und die hohlen Declamationen einer affectirten Humanität darbieten können, hinter welcher ganz andere Intentionen lauern, die sich in ihrer nackten Gestalt an das Tageslicht nicht wagen.' In den wechselseitigen Verhältnissen des physischen und psychischen Lebens, und in den Störungen auf beiden Gebieten gewinnt man erst einen tieferen Einblick in das menschliche Wesen. Mit Recht sagt daher derselbe Gelehrte: „Man kann den Satz aussprechen: wer den Wahnsinn kennt, der kennt auch den Menschen: denn um den ersteren in seinen ursächlichen Bedingungen, seinem Verlaufe und seinen Erscheinungen richtig auffassen zu können, muss man mit den Geheimnissen des Herzens, den versteckten Umtrieben der Leidenschaften und ihrer hinterlistigen Herrschaft über den Verstand durchaus vertraut sein. Ja, der Wahnsinn hat erst recht eigentlich den Schleier gelüftet, welcher die Tiefe des Gemüthes verhüllt, und dadurch eine Menge von psychischen Wahrheiten ans Licht gebracht, von denen man sich früher nichts träumen liess.'

Die mannigfaltigen Lebensstörungen, wie sie bei den Geisteskranken zum Vorschein treten, liefern ein ziemlich klares Bild von der Natur und Beschaffenheit der beiden Elemente des Menschen und von dem Wechselverhältnisse zu einander. Treffend bemerkt in dieser Beziehung derselbe Psychiater Marc: „Die Krankheit der Seele und des Leibes gleicht dem durch eine Fluth oder durch ein Erdbeben aufgerissenen Boden, in dessen Spalten der Geologe die verschiedenen Formationen unterscheiden und darnach seine ganze Bildungsgeschichte, seine Tragfähigkeit, seine Fruchtbarkeit, überhaupt seine Beschaffenheit bestimmen kann.'

Bei der Darstellung des Grundrisses einer wissenschaftlichen Behandlung der Psychiatrie muss daher vor Allem auf die zwei Hauptfactoren „Gehirn' und „Seele' Rücksicht genommen, und beide müssen in ihrem wechselseitigen Verkehre einer genauen Beobachtung unterzogen werden. Nur so lassen sich die verschiedenartigen Erscheinungen, welche in dieser Nachtseite des Seelenlebens auftreten, richtig beurtheilen. Es soll daher im nächsten Vortrage das Wesentliche und Wichtigste über Gehirn und Seele und dem Wechselverhältnisse beider behandelt werden. Aus diesem Wechselverhältnisse kann man erkennen, was die Erfahrung auch durchwegs bestätigt, dass der Entstehungsgrund der Geistesstörungen grösstentheils in den körperlichen anomalen Dispositionen zu finden ist, nicht selten aber auch in den abnormen Verhältnissen der Geisteskräfte besteht. Es sollen daher im dritten Vortrage die somatischen und im vierten Vortrage die psychischen Ursachen der Geistesstörungen zur Darstellung gebracht werden. Wie bei jeder Krankheit auf die Symptomatologie ein besonderes Gewicht zu legen ist, und aus den Erscheinungsformen auf die Beschaffenheit und die Entwickelungsstadien der Krankheit mit ziemlicher Sicherheit geschlossen werden kann, so muss auch den Symptomen und den Erscheinungs-

formen bei den psychischen Störungen eine ausserordentliche
Aufmerksamkeit und Sorgfalt zugewendet werden. Weil die
mannigfaltigen Erscheinungsformen bei diesen krankhaften Zuständen sich hauptsächlich in zwei Gruppen schematisiren
lassen, und diese Zustände entweder eine gedrückte oder eine
erhöhte Seelenstimmung zeigen, diesen aber eine allgemeine
Erscheinungsweise zu Grunde liegt, so soll diese im
fünften Vortrage besprochen werden, dann sollen im sechsten
Vortrage die Depressions- und im siebenten Vortrage die
Exaltationszustände einer eingehenden Behandlung unterzogen werden.

Unstreitig ist die wichtigste, aber auch schwierigste Aufgabe des Arztes eine richtige Diagnose zu stellen, den Charakter
und den bisherigen Verlauf der Krankheit festzustellen; aber
auch die andere Hauptthätigkeit des Arztes, die Therapie,
erheischt eine grosse Umsicht, Gewandtheit und ein entschiedenes
Vorgehen. Um den Heilungsprocess entsprechend zu fördern,
hat der Arzt stets die individuelle Beschaffenheit des Kranken
und die Eigenthümlichkeit der Krankheit zu berücksichtigen,
er hat aber auch zugleich Rücksicht zu nehmen auf die den
Kranken umgebenden Personen, durch deren Unklugheit und
ungeschicktes Benehmen nicht selten das Werk der Genesung
vereitelt wird. Dies Alles wird noch in erhöhtem Masse bei
der Behandlung der Geistesgestörten erfordert, indem der Verkehr mit diesen unglücklichen Personen an und für sich schon
schwierig ist, häufig aber durch die häuslichen Verhältnisse
noch mehr erschwert wird. Daher müssen dem Seelsorger
diesbezüglich nähere Instructionen ertheilt werden, um ein
erspriessliches Heilverfahren anzubahnen und durchzuführen.
Das pastorelle Einwirken des Priesters auf den Kranken
und ganz besonders auf dessen Umgebung soll der Gegenstand des achten und neunten Vortrages sein. Schliesslich
soll im zehnten Vortrage eine allgemeine Prognostik der
psychischen Störung aufgestellt werden.

Aus dieser systematischen Anordnung des Stoffes dürfte
klar hervorgehen, dass diese Wissenschaft grosses Interesse
bietet und dem Seelsorger namentlich bei der Verwaltung des

Busssacramentes und in der pastorellen Krankenpflege ausserordentlichen Nutzen gewährt.

Bevor ich diesen ersten Vortrag schliesse, möge mir gestattet sein, einen kurzen Rückblick auf das Gebiet der Entwickelungsgeschichte der Menschheit zu machen, und in wenigen Umrissen zu zeigen, wie in den verschiedenen Perioden und bei den verschiedenen Völkern die Heilkunde überhaupt und speciell die Behandlung der Geistesgestörten betrieben worden ist. In diesem Rückblicke erkennen wir um so genauer die Wichtigkeit des Studiums der Psychiatrie für den Seelsorger.

Bei allen Völkern bis hinauf in die ältesten Zeiten finden wir die ganz merkwürdige Einrichtung, dass die Priester zugleich auch Aerzte waren. Eine Erklärung hiefür finden wir in der religiösen Anschauung, die auch bei allen heidnischen Völkern anzutreffen ist, und in der moralischen Verschuldung seine Erklärung hat, dass die Krankheiten Strafen sind, die von der zürnenden Gottheit über den Menschen verhängt werden. Weil aber die Idee der Vermittlung zwischen Gott und den Menschen in ethischer Beziehung dem Priesterthum zu Grunde lag, so glaubte man auch, dass die Abwendung der leiblichen Uebel, der Krankheiten, durch die Vermittlung der Priester geschehen könne.

Im Laufe der Zeit bemächtigten sich der Arzneikunde die Philosophen. Dies geschah bei den Culturvölkern, namentlich bei den Griechen. Aristoteles cultivirte sie nebst der Naturgeschichte. Pythagoras gab treffliche diätetische Lehren, endlich trat Hippokrates, ein Asklepiade aus Kos und Zeitgenosse des Sokrates, mit seinen interessanten Erfahrungen auf, die noch immer mehrfach berücksichtigt werden. Hippokrates ging von der Idee aus, dass man den Körper nicht ohne Beziehung auf die Seele richtig studiren und behandeln könne. Er hat in psychiatrischer Beziehung manche interessante Andeutung gegeben, so sagt er: ‚Wenn Timidität und Traurigkeit eine geraume Zeit anhalten, ist dies ein Zeichen der Melancholie.‛ Aphor. VI, 23. — ‚Irrereden und Zuckungen in Folge von Schlaflosigkeit sind bedenklich.‛ — ‚Die nach zierzig Jahren

wahnsinnig werden, genesen sehr selten.' Aphor. VII, 82. —
‚Schlimmer ist die aus der Gelbsucht entstandene Narrheit.'
Prognos. lib. 1. (Acute Leber-Atrophie.)

Später sank die Heilkunst bei den Griechen und Römern
so herab, dass sie nur mehr von den Sclaven ausgeübt wurde·
Bei den Israeliten im alten Bunde mussten die Priester
medicinische Kenntnisse sich erwerben: zu ihren Functionen
gehörte ja auch die Handhabung und Ueberwachung der
sanitären Vorschriften, sie hatten in Betreff des Aussatzes zu
urtheilen, sie mussten nach mosaischen Anordnungen für die
genaue Beobachtung der gesetzlichen Reinigungen Sorge tragen.

Im Christenthume, erbaut auf dem Gesetze der allgemeinen Liebe, sollte nach dem Willen des Stifters den
Kranken eine sorgfältige Pflege zugewendet werden. Unter
dem Schutze der Kirche und durch die werkthätige Liebe
ihrer Diener entstanden schon in den ersteren Jahrhunderten
die Parabolanen, Nosokomien, Kranken- und Siechen-
häuser, in welchen geistliche Personen nicht nur den Kranken-
dienst versahen, sondern auch durch ihre praktischen Kenntnisse, die sie aus den Erfahrungen abstrahirten, vielfach Hilfe
geleistet haben. Ja, es gab damals im geistlichen Stande
Männer, die sich auf diesem Gebiete einen besonderen Ruf
erworben haben: so hatte Nemesius, Bischof von Emessa,
einen ärztlichen Ruf und viele medicinische Kenntnisse, er
schrieb ein vorzügliches Werk ‚De natura humana': Con-
stantinus von Karthago, ein Ordensmann im fünften Jahrhundert, wurde der Hippokrates seiner Zeit genannt. Dass
man in jenen Zeiten keine hohen und wissenschaftlichen An-
forderungen stellen konnte, ist selbstverständlich, man konnte
nur mühsam aus den Erfahrungen Regeln abstrahiren, und
die Therapie bestand häufig nur in sogenannten Universal-
mitteln, oft im Gebet, Fasten und Segnungen.

In der ersten Hälfte des Mittelalters kam die ars medica
stark in Verfall: der grellste Aberglaube und Hang zum
Wunderbaren wurden herrschend. Kaiser Karl der Grosse
machte zwar Anstrengungen auch in dieser Richtung Abhilfe
zu leisten, allein seine Bemühungen hatten wenig Erfolg. Erst

im eilften Jahrhundert fing es an aufzudämmern: der geistreiche Bischof Abogard trat entschieden auf gegen Aberglauben und die herrschende Dämonen-Pathologie; Papst Clemens der Dritte gestattete Aerzten den Eintritt in den Priesterstand. Bis zum zwölften Jahrhundert gab es einige berühmte Priesterärzte, so Theodor, Erzbischof von Kanterbury, und besonders Gerbert, später Papst unter dem Namen Sylvester II., dieser in allen Zweigen des Wissens hellleuchtende Stern hatte viele Kenntnisse, namentlich auf dem Gebiete der Naturwissenschaften von den Arabern erworben und verfasste eine „Theorie der Arzneikunde" (Epist. Gerb.). Berühmt war im eilften Jahrhundert die „Schola Salernitana", die den König Roger zum Gründer haben soll, deren Aufblühen aber grösstentheils den Benedictinern von Monte Cassino zu verdanken ist. In dieser Schule ragte als Arzt und Lehrer hervor Desiderius, Abt des genannten Klosters, später Papst unter dem Namen Victor III.

Seit dem zwölften Jahrhunderte ist den Geistlichen das Studium der Medicin zum Behufe der Ausübung ärztlicher Praxis im Allgemeinen verboten worden. Doch haben die Päpste in der Folge Priestern, besonders Missionären, die Facultät zur Ausübung der „ars medica" ertheilt, aber stets unter der Voraussetzung, dass an dem Orte ein Laienarzt sich nicht befindet, und der Geistliche die erforderliche Kenntnis besitzt. (Bened. XIV. Syn. dioec.)*) Daher gab es immer noch Priester, welche diese Wissenschaften pflegten: so machte sich Simon de Cardo, Kapellan Bonifaz VIII., um die „materia medica" sehr verdient, Papst Johann XXI., früher Bischof, schrieb als solcher eine Sammlung von Recepten gegen alle Arten von krankhaften Zufällen der damaligen Zeit. Theodorich, ein Dominikaner, schrieb ein Werk über „Chirurgia"; Johann de Sct. Amand, Domherr von Tournay. verfasste eine für seine Zeit vortreffliche „therapia universalis". Psovius, ein Schriftsteller aus dem vorigen Jahrhunderte, hat in seinem

---

*) Die s. Congr. Conc. hat am 16. Februar und 8. März 1884 auf ein Ansuchen um die Erlaubniss zur Ausübung ärztlicher Praxis folgende Entscheidung gegeben: „Pro gratia ad quinquennium, dummodo exerceatur gratis et absque ussione et incisione".

Werke, betitelt „nomenclator Sanctorum professione medicorum", nachgewiesen, dass es unter den Heiligen der Kirche einige berühmte Männer gab, die dem geistlichen Stande angehörten, die zugleich auch auf dem Gebiete der Medicin viele Verdienste sich erworben haben, so zum Beispiel der heilige A n d r e a s C o r s i n i, die heiligen Bischöfe J u v e n a l i s Narniensis, E u s e b i u s Vercellensis u. s. w. ; speciell um die Behandlung der Geistesgestörten hat sich sehr verdient gemacht der heilige J u a n C i u d a d, Johann von Gott, der Stifter des Ordens der „Barmherzigen Brüder" († 1550). Er hat in dem von ihm neugegründeten grossartigen Hospital zu Granada eine eigene Abtheilung für Geisteskranke eingerichtet, deren Behandlung er sich in ganz besonderer Weise gewidmet hat. In diesem menschenfreundlichen und äusserst wichtigen Wirken hat er durch sein kindliches Gottvertrauen, wahre Frömmigkeit, und besonders durch seine enorme Geduld und sein liebevolles Benehmen schöne Erfolge erzielt. Namentlich in letzterer Beziehung stellte der Heilige den Grundsatz auf: dass man diese bedauernswerthen Menschen nicht mit Härte, sondern in Milde und Liebe behandeln solle, ein Grundsatz, den man nach vieljährigen und beklagenswerthen Verirrungen erst seit mehreren Decennien in unserer Zeit acceptirt hat. Ich werde dies im Concreten bei dem Vortrage über Therapie nachweisen.

Aus dieser kurzen übersichtlichen Darstellung dürfte es ausser Zweifel gesetzt sein, dass für den Seelsorger einige medicinischen Kenntnisse sehr zweckdienlich sind, zumal der Priester in der Seelsorge mit Kranken vielfach verkehrt, die verschiedenartigsten Krankheiten und krankhaften Zustände kennen lernt, und daher eine reichliche Erfahrung sich erwerben kann. Aber Eines möchte ich doch allen Seelsorgern dringend ans Herz legen, nämlich: dass sie stets eingedenk seien, sie sind berufen für die Heilung und Heiligung der Seelen zu sorgen, daher s i c h w e i s l i c h h ü t e n in d i e S p h ä r e d e r ä r z t l i c h e n T h ä t i g k e i t einzugreifen, auch dann nicht, wenn sie ein bedeutendes W i s s e n auf diesem Gebiete sich sollten erworben haben.

Zweiter Vortrag.

Schon bei dem ersten Vortrage habe ich hingewiesen, dass es nothwendig sei, in der Beurtheilung und Behandlung der Geistesstörungen sich auf den dualistischen Standpunkt zu stellen. Zur Vermeidung irriger Auffassung möge jedoch bemerkt werden, dass nicht der einseitige Dualismus damit gemeint sei, der offenbar verwerflich ist, weil er die Einheit des Menschen, deren wir uns bewusst sind, völlig aufhebt und für die thatsächliche Zusammenstimmung der seelischen und leiblichen Thätigkeiten eine ganz gezwungene und unnatürliche Erklärung gibt. Seele und Leib sind zwar wesentlich verschieden, aber nicht geschieden von einander. Diese Verschiedenheit soll mit dem Ausdrucke dualistischer Standpunkt bezeichnet sein.

Ferner habe ich angedeutet, dass heutzutage ein Theil der Aerzte dem krassen Materialismus huldigt Gegen die von den grössten Denkern und wahrhaft Gelehrten angenommene und wissenschaftlich nachgewiesene Selbständigkeit und Immaterialität der Seele des Menschen erheben sich die modernen Vertreter des Materialismus in ihren Schriften und strengen sich an, unter beständiger Berufung auf ‚Thatsachen‘, den Beweis zu liefern, dass Gehirn und Seele identisch, dass beide unzertrennlich sind. —

Nebenhei sei bemerkt, dass die meisten Argumente, die sie zur Begründung ihrer aufgestellten Thesis anführen, nicht neu sind, sondern grossentheils den Schriften der alten heidnischen Naturphilosophen entlehnt sind, die ebenfalls Gehirnthätigkeit und Seele identificirten. So hat Kleantus auf die Körperlichkeit der Seele geschlossen aus den gleichen Anlagen und Neigungen der Eltern. Hierophilos führt die Empfindung nur auf die Nerven zurück. Galenus sucht die Verbindung der Nerven wie den Sitz der ätherischen Seele im Gehirn, Philolaus, ein Pythagoräer, verlegt den Sitz der Seele in das Gehirn, den Sitz des Gemüthes in das Herz und identificirt beide.

Die modernen Materialisten treten in die Fussstapfen dieser Naturphilosophen und verwerthen in einer für ihre Ansicht ganz vortheilhaften Weise die zahlreichen Resultate auf dem sehr erweiterten Gebiete der Naturwissenschaften, besonders der interessanten Forschungen der vergleichenden Anatomie und Physiologie — und sie geben dadurch ihren aufgestellten Lehrsätzen einen wissenschaftlichen Anstrich, und indem sie sich auf sogenannte „Thatsachen" berufen, täuschen sie Viele, die entweder denkscheue Nachbeter sind, oder deren Interesse es erheischt, in diesem Schlamme des Materialismus eine Befriedigung zu finden.

Der Materialismus leugnet die wesenhafte Verschiedenheit des Leibes und der Seele, er stellt den Lehrsatz auf: „die Substanz, welche in uns denkt, empfindet und will, ist das Gehirn mit seinen verschiedenen Modificationen" — und die Schlussfolgerung culminirt in dem Ausspruche: „Wo Gehirn, da Gedanke, da Intelligenz." Um diesem aufgestellten obersten Grundsatze volle Sicherheit und Gewissheit zu vindiciren, berufen sich die Vertreter des Materialismus auf „Thatsachen", die bei oberflächlicher Betrachtung grosse Wahrscheinlichkeit für sich haben. Zu diesen Thatsachen zählen sie folgende Erfahrungssätze: Nach der Structur und Vollkommenheit des Gehirnes richtet sich der Geist, das Talent, die Fähigkeit der Race, des Individuums. — Das Alter, das Geschlecht, die verschiedenen Krankheiten haben auf das Gehirn und die Intelligenz ganz gleichen Einfluss. — Mit dem Gehirne wächst im Kinde die Seele, und mit der Abnahme und Rückbildung des Gehirns schwächen sich auch beim Greise die geistigen Fähigkeiten und Thätigkeiten. — Scharfsinnige Geister und grosse Denker haben ein grosses, schöngebildetes Gehirn, Stumpfsinnige ein kleines und unvollkommenes, Blöde und Wahnsinnige haben stets ein krankhaft verbildetes Gehirn.

Dies sind nun die ‚Thatsachen', welche der Materialismus zur Begründung seiner aufgestellten Lehrsätze anführt. Bezüglich der angeführten Erfahrungssätze möge unterdessen nur bemerkt werden, dass denselben allerdings einige Wahrheit zu Grunde liegt, dass aber die Schlussfolgerungen unlogisch und unwahr sind.

Zum richtigen Verständnisse und zur Beurtheilung der Seelenstörungen können und dürfen wohl die principiellen Fragen vom Hirn und Seele und deren wechselseitigem Verhältnisse nicht umgangen werden. Bieten dieselben an und für sich schon ein grosses Interesse, so darf sie weder der Psycholog noch der Psychiater ignoriren.

1. Das Gehirn. Wer sich über die geheimnissvollen Vorgänge auf dem dunklen Gebiete der Seelenstörungen informiren will, muss nothwendigerweise jene körperlichen Organe kennen, welche bei diesem Processe thätig sind. Es versteht sich von selbst, dass in einer Pastoral-Psychiatrie nicht ex professo und erschöpfend diese Organe behandelt und dargestellt werden können — dies ist Aufgabe der medicinischen Wissenschaft. Der Seelsorger muss aber wenigstens so viele Kenntnisse sich erwerben, um sich ein richtiges Urtheil bilden zu können über den krankhaften Zustand Desjenigen, den er pastorell zu behandeln hat.

Wenn wir vom Gehirn sprechen, müssen wir auf das gesammte Nervensystem, ob des innigsten Zusammenhanges Rücksicht nehmen. Dieses besteht aus dem Gehirn, dem Rückenmark und den Nerven und ist aus der sogenannten Marksubstanz geformt. Diese Substanz ist ein aus weichen Fasern zusammengesetzter, von zarten Gefässen durchwobener

mürber Brei, füllt die Gehirn- und Rückenmarkhöhle aus und
verbreitet sich, in häutigen Scheiden eingeschlossen, in Gestalt
von schmutzig-weissen Schnüren und Fädengeweben (Nerven)
durch den ganzen Organismus.

Man unterscheidet zwei grosse Sphären des Nervensystems,
die Cerebrospinal- und Gangliensphäre. Jene ist vorzugsweise das Organ des Erkenntnisvermögens, diese aber bildet
das Organ der Gemüthszustände, beide stehen in engster Verbindung zu einander.

a) Das Cerebrospinal-Nervensystem hat sein Centrum im Gehirn. Dieses besteht aus der erwähnten Marksubstanz, welche in drei Häuten die ganze grosse Schädelhöhle
ausfüllt. Eine mächtige Lage grauer Substanz hüllt die ganze
Oberfläche des Gehirnes ein. Es ist in mehrere Lappen getheilt,
bildet in der Mitte vier kleine Höhlen (Gehirnhöhlen) und ver-
längert sich in mehrere Nerven, besonders in den Sinnesnerven,
und setzt sich als Rückenmark in der Wirbelhöhle fort.

Die drei Häute, welche das Gehirn schützen, sind: die
dura mater — harte Hirnhaut, die pia mater — seröse
Haut, die Arachnoidea liegt unmittelbar auf der Gehirn-
substanz und ist sehr dünn, zart und gefässreich, daher zu
Entzündungen sehr geneigt, besonders bei Kindern.

Das Rückenmark füllt, als Fortsetzung des Gehirns
ebenfalls in drei Häuten eingeschlossen, die ganze Wirbelhöhle.
Es reicht vom Hinterhauptloche bis zum zweiten Lendenwirbel;
von beiden Seiten gehen 31 Nervenpaare aus, theils zum Behufe
der Bewegung, motorische Nerven. theils zur Empfindung,
sensitive Nerven.

Die Cerebrospinalnerven entspringen theils aus dem
Gehirn, theils aus dem Rückenmarke, die sich in alle Theile des
Körpers ausbreiten und den Brennpunkt des inneren geistigen
Lebens mit der Aussenwelt in Verbindung setzen. Die äussere
Peripherie der Nerven in den feinsten Endigungen, welche
sich über die ganze Körperoberfläche ausbreiten, nimmt die Ein-
drücke der Aussennatur auf und leitet die Empfindung dieser
Eindrücke blitzschnell zum Gehirn, dem Centralsitze der äusseren
Sinne, dessen sich die Seele als Organ bei ihren Functionen

2

bedient. Hier werden die Eindrücke ebenso schnell reflectirt, so dass Eindruck und Reflexion nur ein Augenblick sind. Die Empfindungsnerven gehen vom Gehirne und Rückenmark aus, münden mit ihren peripherischen Enden theils im inneren Organismus, theils an der Oberfläche des Körpers und leiten von da aus ihre Eindrücke dem Gehirn zu. — Die Bewegungsnerven gehen ebenfalls vom Gehirn und Rückenmark aus und enden in dem Muskelgewebe. Sie vermitteln die willkürlichen und Reflexbewegungen, indem zufolge eines vom Gehirn ausgehenden oder von einem Empfindungsnerven übertragenen Reizes eines Bewegungsnerves Muskelcontraction stattfindet. — Die Bewegungsnerven des Gangliensystems vermitteln die unwillkürlichen Bewegungen der Ernährungsorgane.

b) Das Gangliensystem hat seinen Sitz im Unterleibe und vermittelt vorzugsweise die bildende Thätigkeit im Körper. Es ist ein abgeschlossenes, blos durch das Rückenmark und einige Nerven mit dem Gehirn im Zusammenhange stehendes Ganzes. Es besteht aus einem Gewebe von regellos scheinenden knotigen Nervengeflechten in der Bauch- und zum Theile in der Brusthöhle, besonders an beiden Seiten des Rückgrates, verzweigt sich in allen Eingeweiden und scheint sein Centrum im grossen Sonnengeflechte des Magens zu haben. Die Nervenknoten-Ganglien sind kleine, plattrunde Nervenmassen, innerhalb deren eine noch innigere Verschlingung der Nervenfäden statt hat, als in den Nervengeflechten. Dem Gangliensystem ist die Sphäre der Bildung (Plastik) und der unwillkürlichen Bewegung zugewiesen.

Diese beiden Sphären des Cerebrospinal- und Gangliensystems müssen in der Psychiatrie ganz besonders berücksichtigt werden, weil eben eine Störung in diesen wichtigen Theilen des leiblichen Organismus gewöhnlich eine Störung im psychischen Leben des Menschen verursacht.

2. Die Seele. Das andere höhere, constitutive Element des Menschen ist die Seele, ihrer Natur nach Geist, also mit den Grundkräften der Intelligenz und des Willensvermögens begabt, sie ist zugleich das belebende Princip des Leibes — die forma corporis.

Der Mensch ist weder die höchste Blüthe des Naturlebens, noch die endliche Erscheinung des absoluten Geistes, sondern er besteht aus zwei an sich wesentlich verschiedenen, aber zur lebendigen Einheit verbundenen Substanzen, aus Körper und Geist, welche in dieser Verbindung die Eine menschliche Person ausmachen.

Indem der Schöpfer den Menschengeist zum Wirken in der Natur bestimmt hat, erschuf er ihn nicht, um zunächst Geist, sondern um Mensch zu sein, um einen Zustand zu gewinnen, welcher der ihm gegenüberstehenden Aussennatur congruent ist. Der Menschengeist, der mit dem Leibe fast gleichzeitig seinen Anfang hat, heisst Seele und hat die Bestimmung, für das Wachsthum des Menschenorganismus und für die nöthigen Metamorphosen zu wirken, unter denen der Mensch seine Ausgestaltung nach der Idee des Schöpfers gewinnen soll. Denn, obwohl der Menschengeist gleich bei seiner Erschaffung nach seiner Substanz existirt, sollte er doch nicht gleich vom ersten Augenblicke seines Daseins an alle, namentlich seine höchsten Thätigkeiten — Denken und Wollen auszuüben vermögen, vielmehr sollte sich seine Thätigkeit vorerst darauf beschränken, seinen animalischen Organismus zu beleben, zu formiren, das Wachsthum desselben zu fördern, die Sinne auszubilden.

Der Menschengeist ist also dem Gesetze der Entwicklung*) unterworfen, aber weil er nicht reiner, sondern einem Organismus zugehöriger Geist ist, so geht seine Selbstentwicklung mit der Ausgestaltung seines Leibes Hand in Hand. Zuerst ist er rein organisirendes, gestaltendes (plastisches) Princip, ohne seine geistige Natur durchblicken zu lassen, denn völlig unbewusst, obwohl äusserst zweckmässig, baut die Seele ihren Leib auf, von der einfachen Keimzelle bis zur vollständigen Herstellung aller einzelnen Organe.

Es konnte aber nicht die einzige Bestimmung des Menschengeistes sein, die Materie seines Organismus zu beleben, dieselbe

---

*) Entwicklung ist die fortschreitende Ausbildung und Ausgestaltung eines endlichen lebenden Wesens.

zu entwickeln, und seine Fähigkeiten nur im Dienste eines animalischen Lebens und Wirkens aufgehen zu lassen. Es musste vielmehr seine wahre und höhere Aufgabe sein. sich als geistiges Sein zu gewinnen, seiner naturgemässen Entwicklung, nämlich seiner Ebenbildlichkeit Gottes, der Intelligenz und Wahlfreiheit zu leben.

Die Seele des Menschen ist ihrem Wesen nach ein Geist, d. h. eine einfache, im Sein von der Materie unabhängige Substanz. Sie ist eine Substanz, d. h. ein Wesen, das an und für sich besteht, und keines andern Wesens als Träger bedarf; sie subsistirt in sich, sie hat in sich ihr Bestehen, weil sie auch unabhängig vom Leibe existiren und thätig sein kann Wäre die Seele nicht eine Substanz, nicht der bleibende Träger der Gedanken und der Willensacte, so wäre die Erinnerung ganz und gar unmöglich. Die Seele ist eine einfache, d. h. nicht ausgedehnte, nicht theilbare, nicht aus Theilen bestehende Substanz. Denn wie die eigene Erfahrung lehrt, werden wir unserer Gedanken, Urtheile und Wünsche etc. bewusst und kehren so in uns selbst zurück. Dieses Selbstbewusstsein drücken wir aus, indem wir sagen: Ich denke. urtheile, will etc., und Jeder findet im Selbstbewusstsein nur ein Ich in sich selbst, das denkt, urtheilt, will, und sich des Denkens und Wollens bewusst ist. Was aber nur erklärbar ist aus der Einfachheit der Seele.

Die Seele ist eine geistige, d. h. von der Materie unabhängige Substanz. Die Natur eines Wesens lernen wir kennen aus seiner Thätigkeit, denn die Thätigkeit ist gleichsam das Product der Wirkung des Wesens und kann nicht vollkommener sein, als die Natur des Wesens selbst. Kann nun nachgewiesen werden, dass die Seele des Menschen geistige, d. h. die sinnlichen Eindrücke übersteigende Thätigkeiten vollzieht, so folgt, dass ihre Natur geistig ist. In Wirklichkeit vollzieht die Seele des Menschen solche Thätigkeiten, und zwar: wenn sie etwas rein Geistiges, durchaus nicht in die Sinne Fallendes, etwas ganz Uebersinnliches denkt. z. B. Gott, Freiheit u. s. w. Die Seele vollzieht diese geistige Thätigkeit auch dann, wenn sie etwas Materielles denkt, denn sie denkt es auf immaterielle Weise, sie erfasst das Sinnliche von einer übersinnlichen Seite, sie erhebt es in Gedanken zu einer übersinnlichen Daseinsweise. Denn der Verstand erfasst in den Dingen das Allgemeine, das als solches nicht existirt; er erfasst in ihnen das Wesentliche im Gegensatze zu dem auf die Sinne einwirkende Zufällige, z. B. Figur, Farbe u. s. w. — er denkt in den Dingen den tiefsten — den Sinnen verborgenen Grund — also etwas über das Sinnliche Hinausgehende. Eine andere geistige Thätigkeit vollzieht die Seele durch ihr Wollen, sie liebt das rein Geistige, die Tugend, sie hat ein Verlangen nach rein geistigen Freuden, Gott, Seligkeit etc.

Die geistige Thätigkeit des Denkens und Wollens wird durch kein Organ vollzogen; die sinnliche Thätigkeit dagegen, d. h. die äussere Wahrnehmung und selbst die Thätigkeit der Einbildungskraft wird durch ein materielles, von der Seele belebtes Organ vollzogen, und das ist der Grund warum, wenn das Organ verletzt ist, die entsprechende Thätigkeit aufhört oder doch gestört wird; ein krankhafter Zustand des Gehirns erzeugt Störungen in der Thätigkeit der Einbildungskraft. Obwohl nun zwar die Thätigkeit des Verstandes nicht durch das Gehirn vollzogen wird, so wirkt doch der Zustand des Gehirns indirect auf den Verstand ein, denn im gegenwärtigen Leben muss, da der Mensch ein einheitliches Wesen ist, die vom Gehirne direct abhängige Thätigkeit der Einbildungskraft der Thätigkeit des Verstandes voran und zur Seite gehen, die Phantasiethätigkeit ist eine Vorbedingung der Verstandesthätigkeit. Störungen der Phantasiethätigkeit werden demnach auch einen nachtheiligen Einfluss auf die Verstandesthätigkeit ausüben.

Darum also, weil der Mensch Acte des Selbstbewusstseins und freien Willens setzt, die nicht von den körperlichen Organen ausgehen, vielmehr unabhängig von diesen stattfinden, deren Gegenstand ein anderer ist, als der Gegenstand der körperlichen Organe (die Objecte der Sinne), ergibt sich als unzweifelhafte Wahrheit; es trägt der Mensch ein höheres Vermögen in sich als das der sinnlichen Wahrnehmung — Ver-

nunft und freien Willen — er ist selbstbewusster
freier Geist.

Der Mensch ist seiner leiblichen Seite nach allerdings in
das Natur- und Gattungsleben verflochten, er ist ein sinn-
begabtes Wesen, aber sein Leben geht nicht im Sinnenleben
auf. Im Selbstbewusstsein differenzirt er sich von allem
Anderen, was er nicht ist. Es ist nun von grosser Wichtigkeit,
den genetischen Entwicklungsgang des Selbstbewusstseins eingehender zu erörtern.

Das Selbstbewusstsein ist eine Thätigkeit der Seele, durch
die der Mensch sich als Ich und so sein eigenes Dasein und
seine factische Zuständlichkeit erkennt und in diesem Erkennen
sich sowohl von seiner eigenen Zuständlichkeit als von allen
anderen Dingen unterscheidet.

Die erste Thätigkeit der Seele ist die Ausbildung des
leiblichen Organismus; in dem Triebe, den Organismus aus-
zugestalten, bekundet sie ihre Lebenskraft; dies Triebleben ist bewusstlos. Mit dem Triebleben geht das Em-
pfindungsleben Hand in Hand. Sobald beim Kinde die
Empfindungsnerven ausgebildet sind, kann die Seele in Folge
eines Reizes derselben empfinden, und zwar im vorbewussten
Zustande. Solche Empfindungen hat das Kind bereits im
Mutterschosse. Sobald das Kind aus dem Mutterschosse tritt,
ist es bereits im Besitze ausgebildeter Organe. Die äusseren
Gegenstände wirken auf die Sinne ein und diese zeigen sich
der Beobachtung zufolge sogleich thätig, am meisten der Tast-
sinn. Die Reize der Empfindungsnerven veranlassen auch
mancherlei Reflexbewegungen sowohl beim Fötus als beim
neugeborenen Kinde.

Ausser den Empfindungen sind im vorbewussten Zustande
auch schon Gefühle in der Seele vorhanden, nämlich: das
Innewerden der Seele, ob und inwieferne ihre eigenen Zustände
ihrem Dasein und ihrer Entwicklung förderlich oder hinderlich
sind. Zunächst entsteht in und mit dem Triebleben ein dunkles
Selbstgefühl auf Grund der Gemeinempfindung. Je mehr dann
die Empfindungen als einzelne percipirt und localisirt werden,
desto mehr treten in der Seele Lust- und Schmerzgefühle auf

als ebenso viele Werthmesser für die verschiedenen Zuständlichkeiten der Seele; diese Gefühle geben der Seele die Richtung ihrer hin- und widerstrebenden Bewegung.

Nach und nach werden von dem Kinde die einzelnen Gegenstände bestimmt wahrgenommen und von einander unterschieden. Das eigene Selbst bleibt dem Kinde noch ein unbestimmtes Etwas, was sich allein im dunklen Gefühle von anderen Dingen unterscheidet. Durch dieses Selbstgefühl wird das Kind inne, dass es nicht allein Empfindungen, Wahrnehmungen, Bewegungen hat, sondern dass es selbst das Empfindende, Wahrnehmende ist und dadurch in verschiedene Stimmungen versetzt wird. So ist das Seelenleben auf jener Stufe der Entwicklung angelangt, wo es jene Thätigkeit, in welcher der Mensch sich als bestimmtes Wesen von anderen Dingen und seinen eigenen Zuständen unterscheidet und dann weiterhin dieses Ich als einheitlichen und dauernden Träger vieler vorübergehender Zustände erkennt.

So gelangt der Menschengeist als Geist zum Durchbruche, indem der Mensch sich als Subject und Object seiner selbst unterscheidet und doch in dieser Unterscheidung mit sich selbst Eins bleibt. Durch das Selbstbewusstsein erfasst sich der Mensch als Persönlichkeit und steht somit erhaben über alle anderen Lebewesen, insbesondere über das vernunftlose Thier. Ist mit dem Selbstbewusstsein einmal die Geistigkeit im Menschen erwacht, so geht auch dann noch die organisirende, den Leib weiter entwickelnde und erhaltende Seelenthätigkeit unbewusst vor sich, aber Empfindungen, Wahrnehmungen und willkürliche Bewegungen verlaufen zumeist im Lichte des Bewusstseins und das geistige Seelenleben entfaltet sich immer reicher mit dem Fortschritte des Denkens und freien Handelns.

Dieses von dem materiellen Leibe substanziell verschiedene höhere constitutive Element — der Menschengeist — ist mit dem menschlichen Leibe in geheimnisvoller Weise auf das innigste verbunden und ist dessen Lebensprincip, und eben in dieser Verbindung wird der Menschengeist S e e l e genannt. Was nennen wir Seele? Zur Beantwortung dieser Frage wird erfordert, den Begriff des L e b e n s festzustellen.

Lebendig nennen wir das, was sich regt, bewegt, leben heisst sich regen oder von innen heraus sich bewegen, so dass das Bewegende und das Bewegte eines und dasselbe Wesen sind, im Gegensatze zur Bewegung von Aussen in Folge eines Anstosses. Das Thier bewegt sich, der Stein hat Bewegung, das Thier ist darum ein lebendiges, der Stein ein todtes Wesen. Die Körper, die sich aus sich selbst heraus bewegen, heissen organische Körper, denen ein Lebensprincip, Kraft der Selbstbewegung, immanent ist. Das dem lebenden organischen Wesen innewohnende und von ihm untrennbare Princip, der Grund aller seiner Erscheinungen und Bewegungen, ist das Lebensprincip oder die Seele.

Es sind in der ganzen Natur drei grosse, von einander geschiedene Reihen von organischen Wesen, drei grosse Lebenskreise, in denen ein von innen heraus gestaltendes und erhaltendes Lebensprincip — Seele — sich thätig erweist. Im Pflanzenreiche ist das Lebensprincip die vegetative Seele. Dieses Lebensprincip ist unlösbar an die Organe selbst gebunden, wirkt durch die Organe und ihre chemisch-physikalischen Bestandtheile, Kräfte und Gesetze, und erstreckt sich bloss auf den eigenen Organismus, dessen Ernährung, Wachsthum und Fortpflanzung. In der Thierwelt ist das Lebensprincip ebenfalls an den körperlichen Organismus gebunden, das Thier bedient sich desselben, wirkt aber nicht bloss in Kraft rein körperlicher Eigenschaften, sowie auch seine Wirkung sich nicht bloss wie in der Pflanze auf den eigenen Körper erstreckt, sondern auf alle sinnlich wahrnehmbaren Gegenstände. Dieses Lebensprincip, weil aus ihm die Empfindung und willkürliche Bewegung hervorgeht, nennt man die ‚sensitive‘ Seele. Endlich gibt es eine höchste Form des Lebens, wo das Lebensprincip weder durch ein körperliches Organ, noch durch körperliche Eigenschaften wirkt, sondern unmittelbar durch sich allein thätig ist; und dies ist die vernünftige Seele, die im Menschen wesenhaft mit dem Körper vereint, ausser dem vegetativen und sensitiven Vermögen, die Function des Denkens und freien Willens übt. In Folge dieser Einheit des Lebensprincipes — Seele im Menschen — schreiben wir demselben Subjecte die an und für sich verschiedenen und entgegengesetzten Thätigkeiten zu, weil die verschiedenen Functionen doch in dem einen und demselben Principe wurzeln. Eben deswegen findet eine wechselseitige Einwirkung der Seelenkräfte im Menschen statt, intensiver Schmerz, heftige Leidenschaft hemmt das klare Denken, anhaltendes und tiefes Nachdenken schwächt oder stört die Thätigkeit der niederen Seelenkräfte.

3. **Wechselwirkung zwischen Leib und Seele.** Fassen wir den Menschen in seinen zwei lebendigen Factoren oder in seinem Doppelleben, von einem Ich getragen, richtig auf, so haben wir das w e c h s e l s e i t i g e V e r h ä l t n i s z w i s c h e n N a t u r u n d G e i s t, z w i s c h e n G e h i r n u n d S e e l e.

Der Leib führt der Seele Eindrücke von Aussen zu, in Folge deren Empfindungen, Wahrnehmungen u. s. w. entstehen, und er wird andererseits durch die Seele bewegt und befördert ihre nach Aussen gerichteten Thätigkeiten. Allerdings stehen Geist und Materie, so grundverschiedene Wesenheiten, sich derart gegenüber, dass eine Wechselwirkung zwischen Beiden ganz unmöglich zu sein scheint. Und doch ist dem nicht so. Leib und Seele sind zwar wesentlich verschieden, aber nicht geschieden von einander. Vielmehr machen Beide zur Wesenseinheit mit einander verbunden die Eine menschliche Person aus. Eine eigentliche Wechselwirkung zwischen Leib und Seele als zwischen zwei unabhängig von einander bestehenden Substanzen ist nicht vorhanden, sondern die Seele ist in letzter Instanz das allein wirkende Princip. Sie baut sich ihren Leib auf, bereitet sich die Organe ihrer Wirksamkeit und erhält diese fortwährend lebendig. Nur dieser von der Seele belebte Leib ist im Stande, ihr Eindrücke zu übermitteln und ihr Wirken nach Aussen zu vermitteln. Somit ist die thatsächliche Wechselwirkung bloss secundär, d. h. nur der Leib, welcher von der Seele selbst vorher ausgebildet ist und lebendig erhalten wird, kann auf dieselbe wirken und von ihr bewegt werden.

Aus der Wechselwirkung des vegetativen und sensitiven Lebens auf das geistige und umgekehrt lassen sich die Erscheinungen des gestörten Seelenlebens erklären. Vermöge dieses Verhältnisses begreift man, wie der Leib auf die Seele einwirken, seine Gedanken und sein Thun bestimmen könne, und wie der getrübte und gedrückte Geist auf die physische Lebensthätigkeit hemmend einwirkt. Der krankhafte Leib liefert natürlich düstere, krankhafte Vorstellungen und seine anormalen und krankhaften Triebe verleiten ihn zu den verkehrtesten Handlungen, besonders wenn die Seele den Leib als ihr Werkzeug nicht mehr beherrschen kann.

Wenn der Leib krank ist, so ist das Polarverhältnis zwischen den sensitiven und motorischen Nerven, besonders der des Gehirns, ganz oder partienweise gestört. Depression oder Exaltation tritt auf, je nachdem die Empfindungsnerven über die Bewegungsnerven herrschen, wie z. B. in der Melancholie, Hysterie etc. oder umgekehrt, wenn die Bewegungsnerven über die Empfindungsnerven die Oberhand gewinnen, z. B. bei der Tobsucht, dem Wandertrieb, der Redseligkeit etc. Der Geist participirt, was ihm die Natur bietet, täuscht ihn diese, so wird er irre — in weiterer Folge irrsinnig, weil die Sinne ihn irre führen, daher der Name Irrsinn.

Durch diese Thatsachen wird die vielseitige und grosse Abhängigkeit des Seelenlebens vom organischen und zunächst vom Gehirn constatirt, und in diesem Abhängigkeitsverhältnisse hat die Seelenstörung ihren letzten Grund, sowie die Erscheinungsformen in demselben ihre Erklärung finden.

Nun aber nehmen gerade hievon die Vertreter des Materialismus Veranlassung, ihre Hypothesen zu rechtfertigen, dass alle Geistesthätigkeit nichts anderes sei als Function des Gehirns.

Um die Identität von Gehirn und Seele nachzuweisen, berufen sich die Materialisten erstens auf die Gehirnentwicklung in den verschiedenen Entwicklungsstadien. „Mit der allmäligen materiellen Entwicklung des Gehirns, sagt Büchner, steigt die geistige Befähigung des Menschen und sinkt wieder zurück mit der allmäligen Rückbildung jenes materiellen Substrates im Alter."

Wer wollte behaupten, dass die Schwäche und Armuth des Geistes nur in dem noch unentwickelten Gehirnorganismus ihren Grund haben? Nach der Aussage der Physiologen erhält das Gehirn seine volle Ausbildung schon im 7.—8. Jahre. Dieser Thatsache wegen könnte nach materialistischen Grundsätzen ein Mensch über das 8. Lebensjahr hinaus nicht mehr sich psychisch entwickeln, und es müsste somit nach dieser Ansicht der Materialisten mit dem 8. Lebensjahre die geistige Bildung abgeschlossen sein.

Allein der Grund der niedrigen Stufe der geistigen Bethätigung beim Kinde liegt nicht in dem noch unvollkommenen Gehirn, sondern in dem Umstande, dass der Geist des Kindes noch ohne viele Erfahrung ist und noch nicht viele Kenntnisse für sich erworben hat, dass die im Geiste des Kindes vom Anfange an schlummernden Kräfte und Keime aller geistigen Thätigkeiten durch die anregende und befruchtende Thätigkeit eines bereits entwickelten Geistes noch nicht zur gehörigen Entfaltung gebracht worden sind. Nehmen wir an, es sind zwei Kinder *a* und *b* von ganz gleicher körperlicher Organisation, von denen *a* auf die beste Weise erzogen worden ist, während *b* auf jede Weise vernachlässigt wurde, so wird der Geist des Kindes *a* im 8. Lebensjahre mehr Seelenthätigkeit, mehr Geist und Verstand zeigen als der des Kindes *b* vielleicht im 12. oder 16. Lebensjahre.

Wenn nun Gehirn und Seele eines und dasselbe sind, warum ist bei beiden Kindern das Gleiche im Gleichen nicht gleichmässig gewachsen? Oft ist das materielle Gehirn bei Kindern in der Wildnis gesund und frisch, vielleicht frischer als bei Stadtkindern.

Was das atrophisch werdende, abnehmende Gehirn alter Leute betrifft, womit eine rückschreitende geistige Thätigkeit häufig verbunden ist, so ist die apodictische Gewissheit der materialistischen Behauptung im Allgemeinen unwahr. Wenn gesagt wird, dass Ausnahmen von der Regel vorkommen können, so ist in diesem Punkte schon Ein Fall hinreichend, die falsche Supposition umzustürzen, die Supposition: dass Gehirn und Seele eines und dasselbe sind. Die Erfahrung zeigt, dass 90jährige Greise mit jugendlicher Frische des Geistes vorkommen und junge Leute mit dem ausgebildetsten Gehirn anzutreffen sind, die ganz und gar erschlafft sind. Im Greisenalter verinnern sich das geistige Leben und die seelische Thätigkeit.

Die Thatsachen, auf welche sich die Vertreter des Materialismus berufen, sind entnommen der vergleichenden und pathologischen Anatomie. Es wird behauptet, von der Grösse und Beschaffenheit des Gehirns hängt die geistige Energie in allen Thierreihen ab. Thiere, die kein eigentliches Gehirn, sondern nur Nervenknoten an seiner Stelle oder rudimentäre Bildung desselben besitzen, stehen im Allmeinen auf der niedersten Stufe der geistigen (?) Bildung, scheinen mehr zu vegetiren, als zu leben. Der Mensch, das geistig höchststehende Wesen, hat absolut und relativ das grösste Gehirn.

Diese Anschauungen der Materialisten stehen im grellen Widerspruche zu den Erfahrungen und den Zeugnissen der berühmtesten Forscher auf dem Gebiete der Natur. So hat der geistreiche Naturforscher von Baer nachgewiesen, dass die Thierwelt nicht nach einem Typus gebildet sei, daher sind alle graduellen Vergleichungen wenn nicht sinnlos, doch sehr unsicher. Das Gehirn der Mollusken kann kaum unvollkommener genannt werden, als das der Insecten, und doch stehen letztere in psychischer Beziehung viel höher. Bei weitem das ähnlichste Gehirn mit dem des Menschen hat der Affe, und doch stehen Elefant, Hund und Pferd in Bezug auf ihre Fähigkeit gewiss nicht unter ihm. Vergleicht man den Hirnbau zweier Pachädermen, wie Elefant und Schwein, so würde ein Vorrang des einen kaum nachweisbar sein, und doch ist die psychische Präponderanz des Elefanten eine enorme. Schon aus dem Wenigen geht hervor, wie unbegründet die Behauptung ist, dass zwischen dem Entwicklungsgange der Hirnorganisation und dem des Seelenlebens ein Parallelismus besteht. Versuche an der Hand der vergleichenden Anatomie und vergleichender Hirnwägungen ergaben zunächst, dass das absolute Hirngewicht durchaus nicht proportional ist der Höhe der psychischen Entwicklungsfähigkeit und Entwicklung. Aber auch die Höhe des relativen Hirngewichtes gibt keinen Massstab für die psychischen Leistungen; so hat R. Wagner nachgewiesen, dass ein Göttinger Idiot mehr relatives Hirngewicht besass als der berühmte Mathematiker Gauss.

Ebenso unbegründet ist die von Büchner und Consorten noch immer festgehaltene Behauptung: ‚Der Mensch habe das absolut und relativ grösste Gehirn. Während es ausgemachte Thatsache ist, dass der Wallfisch, Narval, Elefant im Besitze eines bedeutend grösseren Gehirnquantums sind; aber auch nicht relativ hat der Mensch das grösste Gehirn, denn die Meisen, Zeisige und andere kleine Vögel haben ein relativ grösseres Gehirn.

Ferner berufen sich die Materialisten auf die Resultate chemischer Untersuchungen und sagen: ‚Es ist Thatsache, dass die Gehirne höher stehender Thiere durchschnittlich mehr Fett und Phosphor enthalten, als das der niedrigen Thiere.‘ Diesen irrigen Meinungen entgegen hat der ausgezeichnete Chemiker Liebig nachgewiesen, dass unsere Knochen vierhundertmal mehr Phosphor enthalten als unser Gehirn. Und einer der gefeiertsten Anatomen der Jetztzeit, Hofrath Hyrtl, hat durch genaue Untersuchung festgestellt, ‚dass das glückliche Schaf und die gemüthliche Gans bedeutend mehr Phosphor im Gehirn haben, als wir arme Menschenkinder.‘

Dasselbe Bewandtnis hat es mit der Behauptung der Materialisten, das Gehirn der intelligenten Leute sei schwerer, schöner geformt, die Windungen sind stets schön und zahlreich und die graue Substanz ist vorwiegend: Blödsinnige, Stumpfsinnige, Wahnsinnige haben ein naturwidrig kleines, anormales, desorganisirtes Gehirn, wenig gefurcht und die weisse Substanz ist vorwaltend; dem widerspricht sehr häufig die Erfahrung. Mir selbst ist ein eclatanter Fall vorgekommen. Vor mehreren Jahren wurden zwei Mörder zum Tode verurtheilt und justificirt. F. hatte in seiner Jugend eine sorgfältige Erziehung erhalten, er war ein sehr befähigter intelligenter Mann. H. hatte gar keine Erziehung genossen, war physisch und moralisch verkommen und doch hat sich bei der gerichtlichen Obduction gezeigt, dass das Gehirn des Ersten nur wenige und unbedeutende Furchen hatte und zum grössten Theile aus der weissen Substanz bestand; während das Gehirn des Zweiten ein bedeutendes Quantum grauer Substanz, zahlreiche und tiefe Furchen aufwies.

Nicht glücklicher sind die Vertreter des Materialismus, wenn sie zur Begründung ihrer Ansichten sich auf die Vivisectionen berufen. Triumphirend ruft Büchner aus: ‚Welchen stärkeren Beweis für den nothwendigen Zusammenhang von Seele und Gehirn will man verlangen, als derjenige ist, den das Messer des Anatomen liefert, indem es stückweise die Seele herunterschneidet!‘ Bezüglich dieses Ausspruches sei vor allem Anderen bemerkt, dass Zusammenhang noch nicht Identität ist. Auch wir und alle Physiologen, die auf dualistischem Standpunkte stehen, nehmen eine Relation zwischen Gehirn und Seele an. Aber aus dieser Relation einen Schluss auf die Identität zu ziehen, ist zum Wenigsten unlogisch. Wenn man ferner die Resultate der Vivisectionen an Kaninchen, besonders Vögeln, Tauben und Hühnern urgirt, so ist wohl zu beachten, dass ausgezeichnete Physiologen einen wesentlichen Unterschied zwischen dem Gehirn der Thiere und dem des Menschen annehmen. So lehrt der berühmte Züricher Physiolog Schiff: ‚Die Thätigkeitsweise des menschlichen Gehirns weicht bedeutend ab von der des thierischen, dass wir an eine verschiedene Organisation nicht zweifeln dürfen.‘ Eine andere Autorität auf dem Gebiete der Naturwissenschaften, Bischoff, sagt: ‚Kein Thier hat gleichzeitig so zahlreiche und so tief und so mannigfaltig angeordnete, asymetrische Windungen auf beiden Hemisphären, als der Mensch.‘

Dr. Krafft-Ebing schreibt: ‚Die Experimentalphysiologie hat eben nur Thiere zu Objecten und Bau wie Functionen des Thierhirns sind so grundverschieden von denen des Menschen, dass ein Vergleich und Rückschluss kaum möglich ist, ganz abgesehen davon, dass das Thier uns über die Aenderungen seines Bewusstseins, wie sie etwa durch eine Vivisection erzielt werden, keine Auskunft zu geben vermag.‘

Weiter ist zu bemerken, wollten wir uns gründlich überzeugen, ob und wie Gehirn und Seelenleben zusammen-
stimmen, so müssten wir auf der einen Seite das lebende
Gehirn vor uns haben und es in seinen materiellen Processen
gründlich beobachten können, auf der anderen Seite müssten
wir in das Seelenleben eben desselben Gehirns wie in unser
eigenes schauen, um die Uebereinstimmung genugsam zu constatiren, und diese Uebereinstimmung müsste unter allen Umständen sich mit gleicher Bestimmtheit als streng Gesetz-
liches ergeben. Wie weit sind wir aber von einer solchen
Feststellung des Thatsächlichen entfernt! Das Gehirn bekommen
wir beim Menschen zu Gesicht nur im Tode, mit Ausnahme
besonderer Fälle von Trepanation, wo auch nur eine geringe
Partie desselben uns offen vorliegt. Seine Processe aber können
wir im Hauptsächlichen niemals mit unseren Sinnen verfolgen,
sondern nur mittelbar dürftigst ins Klare stellen. Wie mangelhaft alle Ausbeute der vergleichenden Beobachtung von Hirn
und Seelenzustände ist, bekennt selbst Karl Vogt, indem
er sagt: ‚Vom Verhältnis der Hirntheile zu den
Geistesfunctionen wissen wir thatsächlich so viel
als Nichts'.

Ueberhaupt ist die vielseitige und grosse Abhängigkeit
des Seelenlebens vom Organischen und zunächst vom Gehirn
das einzige, unüberschreitbare Resultat aller Bemühungen um
Aufklärung des Verhältnisses zwischen Gehirn und Seele. Und
wäre man im Stande, was nicht der Fall ist und sein wird,
alle Wirksamkeit des Gehirns für das Seelenleben ‚local' zu
bestimmen, zu sagen: Reizungen dieser Markfasern oder
Ganglienkugeln bewirken diese Veränderung oder Action im Seelenleben; so treten stets die Verschiedenartigkeit und Gegensätz-
lichkeit der particulären, überhaupt materiellen Hirnbewegungen
und der umfassenden, innerlich einheitlichen, überhaupt geistige
Seelenacte dazwischen und legten ihr Veto gegen die Identi-
fication ein. Die Thätigkeiten der gereizten Fasern oder
Ganglienkugeln erschienen stets als afficirende Acte und
die Seelenthätigkeiten als Reactionen.

Der Materialismus muss erst den Beweis liefern, dass die materiellen Hirnprocesse wirklich zugleich auch die geistigen Seelenacte sein können und sind, ehe er Recht und Berechtigung hat.

Das Endresultat dieses Vortrages lässt sich in folgenden Sätzen darlegen: „Die Seele, die als geistige Substanz ein Leben für sich hat, ist in ihrer Lebensbethätigung nach Aussen an ihr Organ gewiesen, welches im Nervensystem überhaupt und besonders in dem Centrum desselben, im Gehirn, besteht. Aus diesem Wechselverhältnisse und innigen Lebensverkehre lassen sich alle Erscheinungen der Seelenstörungen richtig erklären.

Dritter Vortrag.

Bevor wir die Psychopathien in ihren speciellen Erscheinungsweisen, in ihren verschiedenen Symptomengruppen oder Formen eingehender untersuchen, ist es nothwendig nach den Ursachen zu forschen, die den psychischen Krankheiten am häufigsten zu Grunde liegen. Dieser Vorgang ist schon dadurch gerechtfertigt, dass eine richtige Diagnose nicht gestellt werden kann, wenn nicht die Quelle der Krankheit entdeckt worden ist, und ohne genaue Diagnose gibt es keine Methode einer rationellen Behandlung.

Die Aetiologie des Irrseins ist wohl besser gekannt als die der meisten anderen Krankheiten, trotzdem dass gerade hier die Schwierigkeiten besonders gross sind. Sie sind zunächst darin begründet, dass das Irrsein, seltene Fälle ausgenommen, der Effect des Zusammenwirkens einer Mehrheit von Ursachen ist, deren Einzelwürdigung schwierig, deren Wirkungsweise vielfach unklar ist.

Die Seelenstörungen werden häufig durch das Zusammenwirken mehrerer schädlicher Einflüsse erzeugt, die entfernt werden müssen, sofern eine erspriessliche Heilung erzielt werden soll. Hiebei müssen alle schädlichen Momente in ihrem Zusammenhange genau erwogen werden, und man hat sich wohl zu hüten, dass man nicht Symptome des schon ausgebrochenen Irrsinns für die Ursache desselben hält. — Denn es kommt nicht selten vor, dass die Kranken beim Ausbruche der noch nicht erkannten Geistesstörung sich dem Trunke, sexuellen Ausschrei-

3

tungen ergeben, oder sonst sinnlose Unternehmungen beginnen: stundenlang excentrischen Andachtsübungen obliegen, täglich beichten wollen etc.; es kommt also nicht selten vor, dass man irriger Weise in diesen, schon aus krankhafter Aufregung begangenen Handlungen die Ursachen der sich nur immer mehr steigenden Krankheit sucht. Täuschungen finden nicht selten statt, namentlich wenn man den Einfluss auf Geistesstörung vom Standpunkte der Theorie oder per analogiam zu erklären sucht.

Vor allem Anderen dürfen wir eine Erscheinung in unserer Zeit nicht ignoriren und eine Frage, die sich uns entgegenstellt, nicht unbeantwortet lassen.

„Laut statistischer Berichte ist namentlich in den Culturländern die Zahl der Geistesgestörten auf das Doppelte gestiegen. Es frägt sich nun, wie diese Erscheinung zu erklären ist und durch welche Factoren sie bedingt ist? Vorerst bedenke man, dass die Bevölkerung seit einigen Decennien in ausserordentlicher Weise zugenommen hat; ferner, dass aus den uncivilisirten Ländern gar keine, aus den Culturländern erst seit einigen Decennien genauere statistische Aufzeichnungen bestehen. — So lange nun eine Parallelstatistik des Irrseins bei uncivilisirten und civilisirten Völkern fehlt, lässt sich schwer ein richtiges Verhältnis angeben.

Was aber die Factoren betrifft, kann nicht geleugnet werden, dass die Lebensverhältnisse eines uncivilisirten Volkes, das keine politischen und religiösen Stürme, keine verfeinerten Lebensgenüsse kennt, eine einfache, mehr der Natur angepasste Lebensweise führt, viel günstiger sich gestalten. — Dagegen sind zahlreiche und mächtige Factoren, welche bei den Culturvölkern Störungen des geistigen Lebens begünstigen, dahin gehören: die enorme Uebervölkerung der Grossstädte mit den daraus entstehenden Nachtheilen in sanitärer, moralischer und politischer Hinsicht, die Anhäufung eines geistig und leiblich verkommenen Proletariats, das überhandnehmende Fabriksleben, die Ehelosigkeit, die intellectuell aufreibende und moralisch verderbende Sucht nach Reichthum und sinnliche Genüsse.'

Gemäss dem obersten Grundsatze, der in der praktischen Heilkunde aufgestellt wird „indagare causas et sedes morborum‘, müssen in der Psychiatrie die Ursachen der Geistesstörungen aufgesucht werden, zumal auch auf diesem Gebiete die Regel: „cessante causa cessat effectus‘ vorzügliche Geltung hat. Zahlreich und verschiedenartig sind die Quellen, aus welchen diese krankhaften Zustände fliessen Demgemäss sind auch mannigfaltig die Gesichtspunkte, unter welchen die Ursachen der Geistesstörungen aufgefasst und schematisirt werden. Die gewöhnlichste, und mit Rücksicht auf die Beschaffenheit des menschlichen Wesens als der Synthese von Leib und Seele, auch rationellste Eintheilung der Ursachen, die den Seelenstörungen zu Grunde liegen, ist die in somatische und psychische Ursachen. Allerdings sagt man, dass auch diese Eintheilung ihre Mängel habe, indem es Ursachen gibt, die man mit demselben Rechte in die eine oder andere Kategorie stellen kann. Allein wenn man das innigste Wechselverhältnis zwischen Leib und Seele genau berücksichtigt, gelangt man zur Ueberzeugung, dass die angeführte Eintheilung streng logisch ist, besonders wenn man erwägt, dass es primäre und secundäre Ursachen gibt, was namentlich bei diesen krankhaften Zuständen sehr beachtet werden muss. Oft beginnen Geistesstörungen zufolge einer krankhaften Affection des Leibes, hier ist die primäre Ursache eine somatische, die Störungen in den Geistesfunctionen sind secundär; nicht selten beginnt die Störung in den Thätigkeiten der Geisteskräfte und dann sind die somatischen Störungen secundär. Wenn wir ferner die Erfahrung zu Rathe ziehen, so finden wir, dass dieselben Ursachen nur unter gewissen, zum Theile unbekannten Verhältnissen und Umständen psychische Störungen hervorbringen. Diese Thatsachen nöthigen uns zur Annahme, dass in den einzelnen Individuen disponirende Momente vorhanden sein mussten, ohne welche die gelegentlichen Ursachen für sich die Geistesstörung nicht erzeugt hätten. In Anbetracht dieses Umstandes scheint es überaus wichtig zu sein, bevor wir die concreten somatischen Ursachen genauer kennen lernen, Rücksicht zu nehmen auf die prädisponirenden Ursachen, weil diese in sehr vielen Fällen richtigen Aufschluss geben und zur vollständigen Beurtheilung zweckdienlich sind.

Um jedoch einen engeren Kreis für diese wissenschaftliche Untersuchung zu ziehen, ist es nothwendig und auch genügend, auf die zumeist vorkommenden Fälle unsere Aufmerksamkeit zu richten.

Zu den prädisponirenden Ursachen, die am häufigsten vorkommen, gehört die Erblichkeit; dies lehrt die Wissenschaft und die tägliche Erfahrung bestätigt es. Wie überhaupt auf dem Gebiete der physischen Krankheiten die hereditären Anlagen häufig die Ursachen sind, dass gewisse Krankheiten in einer Reihe von Generationen sich fortpflanzen und erhalten, so verhält es sich mit den psychischen krankhaften Zuständen, die sich in einzelnen Familien vererben. *) Fast alle Irrenärzte nehmen die Erblichkeit als die am häufigsten vorkommende Ursache der Psychopathien an, ja sie ist bei einem Viertel der Irren laut statistischer Ausweise durchschnittlich nachweisbar. Mir selbst sind bei meiner vieljährigen Praxis in der Seelsorge derartige Fälle oft vorgekommen. Ebenso ist constatirt, dass die hereditäre Anlage am häufigsten von Seite der Mutter herkommt, was sich aus dem Embryonal-Leben des Kindes erklären lässt. Denn der Schwerpunkt des Zeugungsprocesses liegt im mütterlichen Organismus. Alle Beobachter stimmen darin überein, dass das Irresein der Mutter der Nachkommenschaft gefährlicher ist als das des Vaters. Ein eklatanter Beweis dafür ist mir untergekommen. In P. lebten zwei junge und gesunde Eheleute, sie erzeugten drei Kinder, die physisch und geistig vortrefflich entwickelt waren. Da erkrankte die Frau an einem sehr heftigen typhösen Fieber, genas zwar nach mehreren Wochen, aber es entwickelte sich ein beklagenswerther Zustand — ein ordnungs- und zweckloses Zucken einzelner Muskeln (die Engländer nennen es ‚Insanity of

---

*) Man unterscheidet zwischen blosser erblicher Anlage (latente Disposition) und zwischen erblicher Belastung, wo der Factor Erblichkeit in die geistig-körperliche Entwicklung, Artung des Individuums bestimmend, belastend eingreift.

muscles*) Diese Frau wurde nach einigen Jahren wieder körperlich kräftiger, aber ihre Geistesthätigkeit war geschwächt; sie gebar noch zwei Kinder, Mädchen, die körperlich wenig entwickelt waren, mühsam sprechen und schwer begreifen konnten. Dieser Fall bestätigt, was die Erfahrung lehrt, dass alle schweren Nervenkrankheiten der Eltern bei den Kindern eine Disposition zu Geistesstörungen begründen können. Burton führt Fälle an, dass von alten Leuten erzeugte Kinder zur Melancholie geneigt waren.

Obwohl durch die Erfahrung vielfach bestätigt wird, dass psychische Krankheiten in einzelnen Familien sich forterhalten und vererben, so kommt es doch nicht selten vor, dass einzelne Glieder der Familie allerdings den Keim der Krankheit in sich tragen können, ohne dass er sich bei ihnen entwickelt hätte. Wer kann in den geheimnisvollen Tiefen des Menschenlebens alle diese Vorgänge ergründen, durch welche so manches Unheil abgewendet wird.

Eine andere, leider sehr häufig vorkommende Erscheinung ist, dass die im Rausche erzeugten Kinder eine Disposition zur Seelenstörung erhalten. Dr. Flemming, ein berühmter Irrenarzt, sagt: ‚Es gibt eine Art des Deliriums, welche für das unter seiner Herrschaft erzeugte Individuum die gleiche Gefahr, wie der Wahnsinn mit sich führt, dies ist der Rausch‘. Die Erfahrung lehrt, dass nicht allein Kinder von Trunkenbolden, sondern auch Kinder von sonst nüchternen Vätern, wenn sie einer unheilvollen Stunde des Rausches ihr Dasein verdanken, mit jener dem centralen Nervensystem innewohnenden Anlage zur Seelenstörung geboren werden. Bei Einigen entwickelt sich diese schon im kindlichen Alter zum Schwachsinn oder Blödsinn, bei Anderen erst später in Form des Wahnsinnes aus erhöhter Hirnvitalität. Ein französischer Irrenarzt, Dr. Demaux, beobachtete zu Paris fünf Fälle von Epilepsie; zwei Fälle davon bei Kindern, die während der Trunkenheit der Väter gezeugt worden waren.

In jenen Gegenden, wo der Weinbau betrieben wird, findet man diese Erfahrung bestätigt. Ich habe öfter die Beobachtung gemacht, dass manche geistesschwache Schulkinder in der Zeit nach einem Jahre geboren worden sind, in welchem viel und starker Wein gewachsen ist. Die Geburtsmatriken, die ich zu Rathe zog, gaben mir darüber Aufschluss.

Ich habe diese zwei, am meisten vorkommenden, wesentlich individuell prädisponirenden Ursachen besprochen, weil sie der Seelsorger bei der Beurtheilung der Geistesgestörten immer sorgfältig berücksichtigen soll. Der Seelsorger wird daher jenen Schulkindern oder erwachsenen jungen Leuten eine besondere Aufmerksamkeit widmen müssen, die aus einer Familie sind, in welcher die eben genannten Zustände sich vorfinden.

Aus der bisherigen Darstellung ist ersichtlich, dass in einzelnen Menschen eine Disposition vorhanden ist, die unter gewissen Verhältnissen eine Geistesstörung verursacht. Es ist von grosser Wichtigkeit aufmerksam zu machen, dass man fast bei allen derartigen Kranken schon vor dem Ausbruche der Krankheit Störungen findet, die sich durch mehrere Jahre und selbst bis zur Kindheit zurückverfolgen lassen. Bei den meisten dieser Kranken kommen schon in den ersten Jahren ihres Lebens krankhafte Zustände vor: Bleichsucht, Krämpfe, heftige Kopfschmerzen, Ostructionen, Störungen im Blutlaufe etc. Einige waren dabei neben grosser Thätigkeit ihrer intellectuellen Fähigkeiten das Spiel heftiger, stürmischer Leidenschaften. Andere waren schon lange zuvor ebenso sonderbar in ihren Ideen und Neigungen, als in ihren Handlungen. „Im Allgemeinen lässt sich nur sagen, dass wenn zwei belastete Individuen sich zur Zeugung vereinigen oder zur ungünstigen Constitution eines Zeugenden interferirende Bedingungen (z. B. Trunksucht etc.) hinzutreten, die Belastung der Nachkommenschaft eine immer schwerere wird und in fortgesetzter Uebertragung psychopathischer, degenerativer Momente eine fortschreitende Entartung bis zu den schwersten Formen derselben sich vollzieht." — Manche Naturforscher wollen die Erfahrung gemacht haben, dass Familien von Säufern in der vierten Generation aussterben. — Die Natur amortisirt in solchen Fällen die pathologische Familie, welche die physiologische Fähigkeit verliert, sich fortzupflanzen.

Weil aber alle Seelenstörungen mehr oder weniger mit einem physischen Leiden in Verbindung stehen, es mag dieses Leiden primär oder secundär sein, müssen in der Psychiatrie in erster Linie die somatischen Ursachen behandelt werden. Man theilt sie in entfernte und nächste Ursachen ein, indem sie entweder indirect oder direct auf Geistesstörung Einfluss haben. Die entfernten Ursachen bestehen darin, dass durch die speciellen inneren oder äusseren Zuständlichkeiten oder Verhältnisse (dadurch unterscheiden sie sich von den prädisponirenden Ursachen), allmälig ein körperliches Leiden sich entwickelt und verbreitet, wodurch das Organ des Geistes, das Gehirn, nach und nach unfähig wird zur gesunden Lebensbethätigung nach Aussen. Die nächsten somatischen Ursachen der Geistesstörung liegen in der krankhaften Affection jener körperlichen Organe, welche bei den Functionen des Geistes thätig sind.

Zu den entfernten somatischen Ursachen der Geistesstörungen rechnet man:

1. Die klimatischen Einflüsse. Die Erfahrung zu allen Zeiten lehrt, dass grosse atmosphärische Veränderungen einen ausserordentlichen Einfluss auf den physischen und psychischen Zustand der Menschen haben: intensive Hitze vermehrt die Aufregung, anhaltende strenge Kälte stimmt herab. Den Einfluss, welchen das Klima auf den Menschen ausübt, finden wir am besten dadurch bestätigt, dass die Geistesgestörten zur Zeit des Aequinoctiums viel lärmender sind; die Congestivzustände sind bei einer drückenden Hitze äusserst heftige, denen zufolge Hyperämien entstehen; auch will man beobachtet haben, dass zur Zeit des zunehmenden Mondes die Geisteskranken unruhiger sind. Schon Hippokrates Aretäus und Celsus machten die Bemerkung, dass der Sommer und Herbst die Wuth hervorbringen, und viele Aerzte behaupten, dass im Herbst die Melancholie, im Winter die Verwirrtheit vorherrschend sind.

2. Das Alter. Von dem Lebensalter disponirt am meisten zu Psychopathien der Zeitraum von der Geschlechtsreife bis zur Geschlechtsinvolution, die Zeit der Kindheit am wenigsten.

Doch gibt es Beispiele, dass Kinder vor der Adolescenz mania-
kisch geworden sind.

Die ätiologischen Momente für die Erkrankung bei
Kindern sind fast ausschliesslich organische, somatische. In
der grossen Mehrzahl der Fälle handelt es sich um erblich
belastete, schon im Zeugungskeim getroffene defective Organi-
sationen.

Im Alter der geschlechtlichen Entwicklung steigt der
Procentsatz des Irreseins rasch und bedeutend. Wie in allen
physiologischen Lebensphasen gibt auch hier das hereditäre
Moment die wichtigste Disposition ab.

Nach den statistischen Angaben der Irrenärzte Professor
Dagonet, Dr. Parchappe, Dr. Quetelets ist die gefährlichste Zeit für das männliche Geschlecht zwischen dem 30.
und 40. Lebensjahre, für das weibliche Geschlecht vom 40.
bis zum 50 Lebensjahre.

3. Die verschiedenen Gewerbe. Insofern manche
Gewerbetreibende gewissen schädlichen Einflüssen ausgesetzt
und hiedurch zu Seelenstörungen geneigt sind, verdienen sie
eine besondere Beachtung. Arbeiter, die vielfach den glühenden
Strahlen der Sonne ausgesetzt sind, z. B. Maurer, Dachdecker,
Zimmerleute etc., sind häufig zu Seelenstörungen geneigt, indem
die brennende Hitze auf die Kopfnerven sehr nachtheilig wirkt,
ja nicht seltene Fälle von Insolation vorkommen, zumal nicht
wenige dieser Leute dem Trunke ergeben sind. Färber, die
viel mit Indigo sich beschäftigen, werden oft verstimmt, traurig
und düster. Metallarbeiter, wenn sie längere Zeit feuervergolden,
bekommen ein heftiges Zittern. In Schottland bringt der Blei-
dampf eine Art Manie hervor, in der die Kranken mit den
Zähnen sich zerfleischen (mill-reck). Von noch grösserem Einflusse sind die Gewerbe, inwieferne sie sich leicht mit Unordnungen und Ausschweifungen der Lebensweise verbinden. Ein
noch grösseres Contingent liefert das Handelsgeschäft, besonders
wenn sich Kaufleute in sehr gewagte Glücksspeculationen ein-
lassen. Man kann sagen die mercantilischen und politischen Erschütterungen hatten zu allen Zeiten den grössten
Einfluss auf Geistesstörungen.

4. Zu den entfernten Ursachen der Psychosen gehört endlich nach den zahlreichen Erfahrungen der Pauperismus mit seinen, Körper und Geist erschöpfenden Folgen. Es sind die grossen, übervölkerten Städte, welche in dieser Beziehung das grösste Contingent liefern; dort herrscht vielfach die äusserste Noth und das Elend in den abgehärmtesten Jammergestalten. In niedrigen und dumpfen Gemächern mit einer verpesteten Atmosphäre leben Kinder und Erwachsene zusammengepfercht; die halbverhungerten Geschöpfe mit leichenblassen Gesichtern und ausgedorrten Körpern geben Zeugnis von einer mangelhaften und schlechten Nahrung. Dass unter solchen Umständen Skrophulosis, Anaemie und andere krankhafte Zustände entstehen, aus denen sich nach und nach Geistesstörungen leicht entwickeln, ist selbstverständlich.

Die Kenntnis dieser vorzüglichsten entfernten Ursachen der psychischen Krankheiten ist für den praktischen Seelsorger von grossem Nutzen, indem er bei seiner überaus wichtigen Stellung in der Gemeinde durch weise Rathschläge und öfter durch materielle Hilfeleistung im Stande ist, eine weitere Gefahr abzuwenden und manche Seelen dem zeitlichen und ewigen Verderben zu entreissen.

Durch die entfernten somatischen Ursachen werden zunächst krankhafte Affectionen einzelner Organe eingeleitet, die im weiteren Verlaufe die nächsten Ursachen der Geistesstörung werden. Dahin gehören die Krankheiten des Gehirns, des Rückenmarkes und des ganzen Nervengeflechtes; ferner die Krankheiten der Respirations- und Circulationsorgane und endlich die verschiedenen Krankheiten der Unterleibsorgane.

Unter den nächsten somatischen Ursachen, welche sehr häufig eine Geistesstörung veranlassen, sind die gefährlichsten alle Krankheiten des Gehirns: die Meningitis oder Entzündung der „pia mater“, Encephalitis, die Gehirnentzündung, Neubildungen und Parasiten in der Schädelhöhle, die Apoplexie mit ihren Folgen, die Embolie, d. i. die bei intermittirenden Fiebern vorkommende Verstopfung der feinen Hirngefässe durch Pigment, die Hirnerschütterung und Kopfverletzungen, oft auch lange Zeit nach ihrer Einwirkung, die Epilepsie, die Chorea (Veitstanz).

Ausserdem gibt es Gehirnzustände, welche im innigsten ursächlichen Zusammenhange mit dem Irrsinn stehen:

a) Die Hyperaemie, sie besteht im vermehrten Blutgehalte der Gefässe des Gehirns und seiner Häute. Die Hyperaemie ist entweder Folge vermehrten Zuflusses — Congestion — oder gehemmten Abflusses des Blutes — Stagnation. Die Haupterscheinungen sind drückender Kopfschmerz und Brechneigung. Die Kranken leiden an fast absoluter Schlaflosigkeit, sind psychisch sehr aufgeregt und es stellen sich häufig verschiedene Bilder und fixe Ideen ein.

b) Die Anaemie des Gehirns, die Blutleere, ist noch häufiger die nächste Ursache der Geistesstörung, ja die tägliche Erfahrung setzt einen Zusammenhang zwischen Irsinn und Anaemie ausser Zweifel, ja man kann sagen: „Die pathogenetische Grundlage einer grossen Zahl von psychischen Krankheiten ist Anaemie, wenn diese eine dauernde, mehr weniger constitutionelle ist." Die in unserer Zeit unter den jungen Leuten so häufigen psychischen Krankheiten finden ihren Erklärungsgrund grossentheils in der Blutarmuth; ebenso tritt bei sehr heftigem Blutverluste, zum Beispiel bei profusen Mastdarmblutungen, Geistesstörung ein, so haben viele Puerperalmanien im grossen Blutverluste ihren Grund. Aber nicht nur die rasch entstehende Anaemie, sondern auch die langsam in Folge schlechter Ernährung oder schwerer Krankheiten sich entwickelnde leitet zuweilen psychopathische Zustände ein.

c) Zu den nächsten Ursachen der Geistesstörungen rechnet man die häufige Anwendung der Narkotika, die Wirkungen der verschiedenen Gifte und den übermässigen Genuss alkoholischer Getränke, indem sie eine ungemein nachtheilige Wirkung auf das Gehirn ausüben. Die Narkotika erzeugen in der Regel Betäubungen und acute Delirien, bei anhaltendem übermässigen Gebrauche aber Geistesschwäche. Nervenzerrüttend und zu psychischer Degeneration führend wirkt der Opiummissbrauch der Orientalen und Chinesen. Auch die Can-

nabis indica (Haschisch) bringt Delirien und Geistesstörungen
hervor. — Unter den pflanzlichen Stoffen ist auch der Mais
zu erwähnen, der, sei es im verdorbenen Zustande oder ausschliesslich als Nahrung genossen (was sehr häufig in Oberitalien vorkommt), Erscheinungen eines sogenannten ‚pelagrösen'
Irrseins (Melancholie mit suiciden Impulsen, namentlich sich
ins Wasser zu stürzen, Hydromanie) häufig hervorruft.

Es sind Fälle von Vergiftungen durch Kohlendunst bekannt,
die unmittelbar anhaltendes Irrsein zur Folge haben. Die Bleivergiftungen erzeugen zuweilen Delirien, ja die französischen
Irrenärzte verzeichnen Fälle andauernder Geistesstörung unter
dem Namen ‚Blei-Irrsinn'. Die grössten Verheerungen aber
richtet der Alkoholismus an, der übermässige Genuss des Branntweines und alkoholischer Getränke, es werden Geistesstörungen
verschiedener Art erzeugt, und es entsteht oft ausgebildeter
Irrsinn. Englische und französische Irrenärzte schreiben beinahe
die Hälfte der Erkrankungen dieser Ursache zu. Eine anschauliche, aber wohl entsetzliche Illustration dafür liefern uns
die Giftapotheken der zahlreichen Branntweinschänken, in
welchen sich die Candidaten für Zucht- und Irrenhäuser fast
beständig aufhalten — es sind Gestalten des Entsetzens, die
das Zeichen des Deliriums bereits an der Stirne tragen. Es
ist leicht zu begreifen, wie durch das veränderte, sauerstoffärmere Blut, durch den während des Rausches gleichsam
permanent erhaltenen Congestionszustand des Gehirnes, ferner
durch die mit der Trunksucht verbundenen Excesse und durch
die gleichzeitigen Erkrankungen der Leber, der Schleimhäute
des Magens, des Darmes und der Athmungsorgane ein schädliches Zusammenwirken von Momenten gegeben ist, welche
auch die Ernährung und normale Thätigkeit des Gehirnes
wesentlich beeinträchtigen müssen.

Treffend bemerkt Dr. Krafft-Ebing: ‚Unter allen Genussmitteln das wichtigste, am häufigsten übermässig genossene
und damit gefährlichste ist der Alkohol. Ist er doch im
Kampfe der Civilisation mit den wilden Völkern Amerikas als
‚Feuerwasser' ein mächtigeres Vertilgungsmittel dieser gewesen.
als selbst die Feuerwaffe.'

44

‚Es ist wahr, unsere Vorfahren haben vielleicht quantitativ mehr in geistigen Getränken geleistet, als die modernen Generationen, aber was sie tranken war Wein und noch dazu ein geringer in Bezug auf Alkoholgehalt. Heutzutage erscheint der Alkohol in concentrirter und anderer Gestalt und die Industrie vermag ihn recht billig dem gemeinen Manne zu bieten. Aber was sie ihm von Alkohol bietet, ist die schlechteste Sorte, die gewöhnlich Fuselöl enthält, einer der deletärsten Stoffe für das Centralnervensystem.'

Zu den nächsten somatischen Ursachen, die aber in mehr mittelbarer Weise Psychopathien veranlassen, zählt man auch die Krankheiten der Respirations- und Circulationsorgane. Man geht dabei von der Annahme aus, dass in diesen Fällen die normale Blutcirculation im Gehirne durch Functionsstörungen des Herzens und der Lungen beeinträchtigt werden müsse: theils aber stützt man sich auf die Beobachtung, dass Individuen mit organischen Herzübeln eine auffallende Veränderung des Charakters darbieten, von Anfällen namenloser Angst und starken Leidenschaften beherrscht werden. Wenn heftige Anfälle mit Bewusstlosigkeit, theilweiser Lähmung oder Verlust der Sprache eintreten, so erfolgt gänzliche Erschöpfung, häufig grosse Schwäche des Gedächtnisses. Wiederholen sich diese Anfälle oft, so wird das Organ des Geistes sehr geschwächt, es tritt zwar äusserst selten länger dauerndes Irrsein ein. Die sonstigen Wege, auf denen Herzkrankheiten Geistesstörungen erzeugen, beruhen theils auf diffuser Hirnanaemie, theils auf Verlangsamung des Stoffwechsels. Noch mehr hängt mit Geistesstörung zusammen das Atherom, ein Auflagerungsprocess in den Arterien. In Folge von Dehnungen und Zerrungen der Arterien bei häufigen Blutwallungen entsteht sehr häufig im höheren Alter eine gallertartige Auflagerung, die allmälig verdichtet und verknorpelt. Häufig sind die Erscheinungen der Herzhypertrophie vorhanden, da die verloren gegangene Elasticität der Arterien eine angestrengtere Thätigkeit des Herzens erfordert, um das Blut vorwärts zu treiben. Besonders bei männlichen Irren ist oft eine ungemeine Rigidität der Arterien, und zwar in Lebensjahren, in welchen dieser Befund noch

lange nicht normal ist. Unter solchen Umständen ist die Gehirn-
circulation geschwächt, daher auch die Seelenfunctionen vielfach gestört und manchmal gehemmt werden.

Von den Lungenkrankheiten müssen die Tuberkulose und die Pneumonie in ihren ursächlichen Beziehungen
zur Geistesstörung ganz besonders berücksichtigt werden. Es
ist eine durch die Erfahrung erwiesene Thatsache, dass zur
Lungentuberkulose nicht selten Tuberkelprocesse in den
Meningen, ja selbst im Gehirne sich gesellen. Vereinzelt stehende
Tuberkeln werden selten Ursache von Geisteskrankheiten. Die
tuberkulose Meningitis hat gewöhnlich einen raschen Verlauf
und bietet vorzugsweise psychische Störungen dar. Manchmal
scheint die Anaemie die tuberkulosen Ernährungsstörungen des
Gehirnes und so das Zustandekommen der Psychosen einzuleiten.
Die Pneumonie, Lungenentzündung, ist öfter wie jede heftige,
fieberhafte Erscheinung von Delirien begleitet, die mit dem
Fieber wieder verschwinden. Professor Skoda bemerkt: ‚Die
Delirien kommen bei Pneumonien, sowie bei jeder bedeutenden
entzündlichen Krankheit, bei der allenfalls das entzündliche
Product eitrig zerfliesst, namentlich in der Periode der Eiterung,
sehr gerne vor. Ein Delirium, das unter solchen Umständen
auftritt, ist begreiflicherweise ziemlich hartnäckig.'

In den vielen Fällen von Pneumonie, wo das Zerfallen
des Infiltrates nur sehr langsam erfolgt, constituirt sich zuweilen
nur sehr allmälig eine langsam fortschreitende Meningitis mit
sehr geringen Producten, und eine solche Erkrankung, die
höchstens eine Verdickung der Hirnhäute durch Wucherung
von Bindegewebe zu Stande bringt, kann allerdings eine sehr
lange anhaltende geistige Verwirrung zur Folge haben. Die
Erfahrung zeigt, dass bei Pneumonien, wie beim Typhus und
anderen Erkrankungen, bei denen eine Blutvergiftung nachweisbar ist, eine Verwirrung der Geistesthätigkeit entsteht, ohne
dass irgend eine materielle Veränderung im Gehirne oder seiner
Häute nachweisbar wäre.

Unter den schweren fieberhaften Krankheiten, die Gehirn-
affectionen mit mehr oder wenig dauernder Geistesstörung im
Gefolge haben können, steht obenan der Typhus; derselbe

ist ein weit häufigeres ursächliches Moment, als die eben besprochene Pneumonie. Häufig liegt Blutarmuth und Schwäche zu Grunde; doch können auch andauernde, während der Krankheitsentwicklung entstandene Gehirn-Affectionen die Ursache der Geistesstörung sein. — Eine besondere Aufmerksamkeit verdienen die Fälle, wo länger andauernder Irrsinn, in Folge des so gefährlichen akuten Rheumatismus vorkommenden Gehirnleidens auftritt.

Auch die verschiedenen Krankheiten des Unterleibes können mittelbar zu Ursachen des Irrseins werden; es kommen ja häufig bei Unterleibskrankheiten Gemüthsverstimmungen vor, die bei längerem Anhalten und stärkerer Intensivität eine Beeinträchtigung der geistigen Functionen bewirken.

Es können die widrigen und dunklen Empfindungen der erkrankten Unterleibsorgane einerseits bei schon vorhandener Verstimmung des Nervensystems leicht zu Wahnideen führen, andererseits kann die sehr herabgesetzte Ernährung Blutarmuth verursachen und so zur Entwicklung einer Geistesstörung beitragen.

Welch' düstere Verstimmung im Gemüthsleben des Menschen wird erzeugt durch die verschiedenartigen und sehr schmerzhaften, oft jahrelang andauernden Magen-, Leber- und Nierenkrankheiten, die meistens Hypochondrie und Melancholie im Gefolge haben! Welche Verheerungen in der Menschenwelt durch sexuelle Ausschreitungen angerichtet werden, ist allbekannt; sie sind oft die Quelle von Geistesstörungen, namentlich ist es das den Körper entnervende Laster der Selbstbefleckung.

Die geschlechtlichen Ausschweifungen sind im Allgemeinen als das Nervensystem schwächende, erschöpfende und damit wirksame Ursachen zu bezeichnen. Sie können eine Disposition zu Irrsein hervorrufen, eine vorhandene steigern und als accessorische Ursachen wirksam werden. Die natürlichen Ausschweifungen im Geschlechtsgenusse haben eine entschieden schwächende und erschöpfende Wirkung aufs Nervensystem, sie wirken mehr cerebral erschöpfend: ätiologisch bedeutungsvoller erscheint die Onanie schon deshalb, weil sie häufig in viel früherem Alter ausgeübt wird, sie schwächt mehr die spinalen Functionen.

Es sind noch andere körperliche Zustände, die nicht selten nächste Ursache der Psychopathien sind, dahin gehören: die Schwangerschaft, das Puerperium und die Lactationsperiode. Die Erfahrung lehrt, dass schon im Verlaufe der Schwangerschaft, wo es immer zu Hyperämie der Schädelhöhle kommt, bei manchen Frauen sich eigenthümliche Neigungen und Charakterveränderungen zeigen. Impulse zum Stehlen Kleptomanie, das Verlangen Feuer zu sehen Pyromanie, kommen in diesem Zustande nicht selten vor, ebenso ein mächtiger Antrieb zum Zerstören; es entwickeln sich öfter melancholische Zustände, die nach der Entbindung schwinden oder während des Puerperiums in maniakalische übergehen.

So manche Familienscenen könnten eine treffliche Illustration bieten zu den Wuthanfällen in Verbindung mit dem Zerstörungstriebe. Die während des Puerperiums als Symptome verschiedener Puerperal-Krankheiten auftretenden Delirien sind keine eigentlichen Geistesstörungen im engeren Sinne, sie sind vom Standpunkte des sie begründenden Leidens zu beurtheilen. Doch entwickelt sich öfter als Fortsetzung solcher Delirien oder ganz selbständig und allmälig einige Wochen nach der Geburt wirkliches Irrsein Dieser Fall tritt besonders dann ein, wenn in dieser Zeit heftige Gemüthsbewegungen stattgefunden haben oder häufiger Blutverlust erfolgt ist. Ebenso kommen bei manchen Frauen, die als Mädchen geisteskrank und unvollständig genesen waren, bei Gelegenheit der Schwangerschaft oder des Puerperiums Geistesstörungen zum Vorscheine. Auch in der Lactationsperiode kommen mitunter solche Erscheinungen vor, die der Mehrzahl nach auf Anämie, verbunden mit verschiedenartigen Gemüthsbewegungen, zurückzuführen sind.

Während meiner seelsorglichen Thätigkeit sind mir zwei derartige Fälle vorgekommen. Eine stille und sanfte Frau, die als Mädchen bleichsüchtig und sehr sensibel zeitweise Anwandlungen der sonderbarsten Zerstreuungen zeigte, hatte jedesmal während des Puerperiums durch fünf bis sechs Wochen heftige Anfälle von Geistesstörungen. Eine andere junge Frau wurde nach der Geburt des dritten Kindes so tobsüchtig, dass sie nach Wien in die Irrenanstalt gebracht werden musste. Als ich die Arme nach mehreren Wochen besuchen konnte und ich mit dem damaligen Director der Anstalt, Dr. Riedel, den ich gut kannte und hochschätzte, über den Zustand der Kranken sprach, machte er mich aufmerksam auf die Kopfformation derselben (sie hatte einen Hydrocephalus) und ich theilte ihm mit, dass die Arme als zweijähriges Kind durch die Unvorsichtigkeit der Magd einen schweren Fall erlitten hat. Auch verstimmten ihr Gemüth tiefe Kränkungen.

Es zeigt sich also, dass die somatischen Ursachen der Psychosen stets in einem schweren körperlichen Leiden liegen, die entweder mittelbar oder unmittelbar auf die Geistesfunctionen einen nachtheiligen Einfluss haben und Störungen hervorbringen Bei der Darstellung dieser Ursachen mussten wir allerdings ein Gebiet betreten, das ausserhalb der Sphäre der gewöhnlichen priesterlichen Aufgabe liegt. Allein der Seelsorger, der vielfach mit Kranken zu verkehren hat, soll sich einige medicinische Kenntnisse erwerben, die er mitunter im Interesse seiner Pfarrkinder und in manchen Fällen zu seinem eigenen Schutze ganz gut verwerthen kann. Der Priester hat manchmal Gelegenheit, rechtzeitig günstig einzugreifen und dem Ausbruche eines psychischen Uebels vorzubeugen. Kennt der Seelsorger die entfernten Ursachen, die eine psychische Störung einleiten und öfter hervorrufen, kann er bei seiner wichtigen Stellung manche Subjecte, die unter einem derartigen Einflusse stehen, dass ihnen Gefahr droht, bei Zeiten warnen, durch heilsame Rathschläge ihnen beistehen und sie schützen. In Betreff der nächsten Ursachen, wo bereits eine für das Geistesleben gefahrdrohende Krankheit vorhanden ist, wird der Priester für die Heiligung der Seele besorgt sein, bevor noch der Zustand eintritt, wo dies nicht mehr möglich ist. Diesbezügliche Instructionen werden im Vortrage „Ueber Therapie" angegeben werden.

Vierter Vortrag.

Aus dem Inhalte des dritten Vortrages konnten wir die Ueberzeugung gewinnen, dass zahlreiche psychopathische Zustände ihren Grund und ihre Quelle in den verschiedenen Störungen des physischen Lebens haben, dass also somatische Leiden die nächste und unmittelbare Veranlassung und Ursache der Seelenstörungen sind.

Es kommen aber noch häufigere Fälle vor, aus welchen klar ersichtlich ist, dass nicht zunächst und unmittelbar die krankhaften Affectionen irgend eines körperlichen Organes, das mit der Lebensbethätigung der Seele in einer engen Verbindung steht, die Grundursache einer Geistesstörung sind; denn nach einer fast allgemeinen Uebereinstimmung der Psychiatriker sind die zahlreichsten Ursachen der Seelenstörungen psychischer Natur. Ohne Zweifel aber mögen in vielen Fällen beide Sphären und zwar ob des innigsten Wechselverhältnisses in einander greifen: Schwächezustand des Gehirns oder sonstiger Organe des Körpers mögen bedingen, dass Seelenstörungen heftig und tief eingreifen, in die leibliche Sphäre einwirken, dass diese sich nun zum Herde für die Seelenkrankheit bildet, denn überall zeigt sich das Eigenwirken des Seelenlebens und das Zusammenwirken desselben auf die organische Sphäre. Wenn das Gefühl unglücklicher Liebe oder das Entsetzen über einen grausenerregenden Anblick, oder das Bewusstsein des zerstörten Lebensglückes, wenn die übermässige Gefühlsphantasie und überreizte Geistesanspannung

4

u. s. w., die doch gewiss keine materiellen und räumlichen
Acte des materiellen Gehirnkörpers sind, dennoch Seelenstörungen verursachen, so muss das Seelenleben nicht allein
im Sein über das Gehirn und seine Processe hinausgehen,
sondern auch in actueller Eigenbetrachtung und Wirkung unabhängig und selbständig sein.

Die Seele steht aber in Wechselbeziehung zum Leibe
und ist auch in ihren bewussten Thätigkeiten vielfach von der
Beschaffenheit der Leiblichkeit bestimmt. Doch kann die Leiblichkeit und ihre verschiedene Zuständlichkeit allein die reiche
Mannigfaltigkeit des bewussten Seelenlebens nicht erklären,
sondern die Mannigfaltigkeit führt auf verschiedene Vermögen
in der Seele zurück.

Sowohl das unbewusste, als auch das bewusste Seelenleben äussert sich erfahrungsmässig in der reichsten Mannigfaltigkeit verschiedener Zustände. Nun leuchtet sofort ein, dass
die Seele als das bewirkende Princip derselben auch das
Vermögen haben muss, sie hervorbringen zu können. Die
Frage ist nur die, ob der Seele verschiedene Vermögen zu-
kommen. Offenbar sind für verschiedenartige Thätigkeiten
auch verschiedene Thätigkeitsweisen, also verschiedene Vermögen der Seele anzunehmen.

Die Annahme verschiedener Seelenvermögen verstösst
nicht gegen die Einheit und Einfachheit des Seelenwesens.
Denn die einzelnen Vermögen bilden nicht integrirende
Theile der Seele, etwa wie ein Körper aus verschiedenen
Theilen zusammengesetzt ist. Die Seelenvermögen sind zwar
von einander verschieden aber nicht geschieden; sie sind in
gegenseitiger Abhängigkeit durch und miteinander thätig. In
jeder Seelenthätigkeit ist die Seele nach ihrem
ganzen Wesen, aber nicht nach ihrem ganzen Vermögen thätig.

Die Psychologie unterscheidet zwei Haupt- oder Grundvermögen; die erkennende, wahrnehmende, auffassende,
perceptive und die strebende, begehrende Kraft, das Er-
kenntnisvermögen und das Strebevermögen. Durch die
erstere Kraft vermag der Geist das Wahre, Gute und Schöne

zu erkennen und ihr gehören alle Vermögen an, welche dieser Erkenntnis dienen, nämlich das Anschauungsvermögen, die Einbildungskraft, das Gedächtnis, der Verstand und die Vernunft. Unter diesen ist in der Psychiatrie von grösster Bedeutung die Einbildungskraft: man bezeichnet damit jene Fähigkeit des Geistes, kraft deren er sich einen Gegenstand auch ohne dessen Gegenwart vorzustellen vermag. Man nennt diese Vorstellungen Bildvorstellungen, weil sich die Seele in ihrem Innern dabei ein Bild von einer Sache macht, weshalb der Lateiner die Einbildungskraft mit ‚imaginatio‘ von imago, Bild übersetzt. Doch bildet sie uns nur solche Bilder vor, von welchen wir früher eine Anschauung gehabt haben.

Die Wahrnehmung — sowohl Empfindung als Anschauung — hört nicht sogleich mit dem Eindrucke auf, sondern hat als Nachempfindung noch einen kurzen Bestand, bis sie allmälig schwächer und dunkler wird und zuletzt ganz verschwindet. Aber auch dann, wenn die Wahrnehmung aus dem Bewusstsein geschwunden ist, geht sie für die Seele nicht ganz verloren, sondern das Bewusstsein derselben kann unter Umständen wieder erneuert werden. (Reproduction der Vorstellung.) Ferner kann die Seele die reproducirten Vorstellungen in vielfach verschiedener Weise umformen. (Transmutation der Vorstellungen.) Beide nennt man ‚Vorstellungen im engeren Sinne‘ — Einbildungen, und man nimmt ein eigenes Vermögen — Einbildungskraft an und unterscheidet eine productive und reproductive Thätigkeit. Wenn nämlich jene Kraft aus dem Vorrathe schon gehabter Vorstellungen einzelne herausnimmt, sie von Nebenvorstellungen trennt, mit anderen verbindet und daraus neue Vorstellungen gestaltet und neue Bilder erzeugt, die wenigstens dem bildenden oder erzeugenden Individuum noch nicht vorhanden sind, so entwickelt sich eine productive, selbstbildende Thätigkeit, und heisst dann Phantasie. Reproductiv, wiedererneuernd oder nachbildend nennt man die Einbildungskraft, insofern sie schon gehabte, aber wieder verdrängte Bilder zurückruft und sie so erneuert oder gleichsam von neuem erzeugt. Welche grosse Bedeutung diese Geisteskraft in der Psychiatrie habe, werden wir bei der Erörterung der psychischen Ursachen der Geistesstörungen genauer erkennen.

Bevor wir zur Besprechung des zweiten Grundvermögens der menschlichen Seele, des S t r e b e v e r m ö g e n s, der Spontankraft, schreiten, möge bemerkt werden, dass es Psychologen gibt, die ein drittes Grundvermögen der menschlichen Seele, das G e f ü h l s v e r m ö g e n, annehmen, worunter sie die Fähigkeit verstehen, durch welche wir innewerden, wie sich das, was vorgestellt wird, zu unserem persönlichen Zustande verhält. Durch dieses Vermögen, behaupten jene Psychologen, wird die Seele in den Stand gesetzt, das E r g r i f f e n s e i n ihres Selbst, die Affectionen, innezuwerden oder ihre inneren Zustände wahrzunehmen; ganz consequent nehmen sie an, dass das Gefühlsvermögen zwischen dem Erkenntnis- und Strebevermögen stehe, und einen sehr innigen Rapport mit ihnen unterhalte. Da aber das unmittelbare Wahrnehmen oder das Innewerden der gehemmten oder geförderten Lebenszustände mit S t r e b u n g e n verbunden ist, so berechtigt nichts zur Annahme eines besonderen Vermögens, des Gefühlsvermögens. — Die Geistesstörungen gehen ja von Gemüthsverstimmung aus und ebginnen mit ihr, und wiederum bestimmt die Gemüthsverstimmung die Art der falschen Vorstellungen der Irren; Gemüthsacte sind nun einmal A c t e d e s S t r e b e v e r m ö g e n s.

In der Psychiatrie spielen die G e f ü h l e eine hervorragende Rolle, indem sie nicht selten eine psychische Ursache der Geistesstörungen sind. Unter den mannigfaltigen Arten der Gefühle verursachen am häufigsten Psychopathien die a n o r m a l e n, welchen eine ungewöhnlich starke und plötzliche oder einseitige und habituell gewordene Erregung zu Grunde liegt. Zu den anormalen Gefühlen gehören die A f f e c t e und N e i g u n g e n. Der A f f e c t ist ein plötzlich hervorbrechendes und schnell vorübergehendes Gefühl (Freude, Zorn, Schrecken etc.), das die Verstandesthätigkeit stört, wenn die dabei stattfindende Bewegung des Gemüthes einen hohen Grad erreicht. Dass man so viele Arten der Affecte als Gefühle unterscheiden könne, ergibt sich aus ihrem Ursprunge, den sie mit den letzteren gemein haben: man kann folglich von sinnlichen und geistigen, von angenehmen und unangenehmen Affecten sprechen. Die Neigungen sind habituelle, zur Gewohnheit gewordene Gefühle. Die häufigsten sind jene der Lust und Unlust, des Wohlgefallens und des Missfallens; sie arten leicht in Hang und Leidenschaft aus und machen sich Verstand und Willen dienstbar.

Das zweite Haupt- oder Grundvermögen der menschlichen Seele ist das Strebevermögen. Der heilige Thomas von Aquin lehrt: „Jedem Wesen ist es eigen, nach der Erhaltung und Vollendung seines Seins zu streben: aber dieses Streben erscheint in den verschiedenen Ordnungen der Wesen verschieden geartet, wie es je der Natur derselben entspricht. In dem Geiste erscheint es als Wollen, in dem Sinnenwesen als sinnliches Streben, in dem Empfindungslosen als natürliche Tendenz' (Naturgesetz, appetitus naturalis). „Ueberdies stellt sich das in Rede stehende Streben in anderer Weise dar, je nachdem ein Wesen die ihm entsprechende Vollendung bereits erreicht hat oder nicht. In diesem zweiten Falle nämlich sucht es, in der ihm eigenthümlichen Weise, das zu erlangen, was ihm noch abgeht; im ersteren hingegen findet es im Besitze der ihm entsprechenden Vollendung seinen Genuss und seine Ruhe.' (contr. gent.) Die Kraft der Seele, welche das nächste Princip der hiemit bezeichneten Lebensthätigkeit bildet, ist das, was man das Strebevermögen nennt.

Diese Seelenthätigkeit unterscheidet sich zwar vom Vorstellen und Fühlen, kann aber nicht als getrennt von ihr gedacht werden, da alle Seelenkräfte in ihrer Lebensbethätigung gleichzeitig mit einander verbunden sind; denn wo nichts vorgestellt wird, kann nichts begehrt werden, und wo mit der Vorstellung nicht bestimmte Gefühle sich verknüpfen, kann auch kein bestimmtes (thätiges) Bestreben eintreten, das Object zu begehren oder zu verabscheuen (ignoti nulla cupido). Wir streben ja nur nach dem, was unserem Dasein und unserer Entwicklung förderlich ist, während wir dem Gegentheiligen entgegenstreben.

Wenn in der Psychiatrie die psychischen Ursachen der Geistesstörungen aufgestellt und behandelt werden, muss allerdings dem zweiten Grundvermögen der Seele, dem Strebevermögen, eine wichtige Bedeutung beigelegt werden, es muss aber auch hervorgehoben werden, dass die verkehrten und oft sinnlosen Handlungen der Irren nur consequente Folgen der falschen Vorstellungen und des verstimmten Gemüthes sind.

Diese wesentlichen psychologischen Erörterungen vorausgeschickt, lassen sich die wichtigsten psychischen Ursachen der Geistesstörungen folgendermassen bezeichnen:

1. Eine reiche Quelle der Geistesstörungen besteht in der disharmonischen Entwicklung der Seelenkräfte. Es ist auf dem Gebiete der Pädagogik einer der Hauptgrundsätze, dass die verschiedenen Seelenkräfte nur in harmonischer Entwicklung ihre gedeihliche Wirksamkeit entfalten können: daher bei der geistigen Erziehung besonders darauf zu sehen ist, dass die Seelenkräfte sowohl mit Bezug auf die Naturanlage des Subjectes, wie auf den Altersstufen entsprechend normal gebildet werden. Tritt also bei einem Individuum, und zwar schon frühzeitig eine Seelenkraft als prävalirend hervor, dies gilt ganz besonders von der Phantasie, da ist die vorzüglichste Aufgabe des Pädagogen, durch die stärkere Entwickelung einer anderen geeigneten Seelenkraft das Gleichgewicht herzustellen. Geschieht dies nicht, entweder aus Unkenntnis oder Fahrlässigkeit, so entsteht eine grosse Gefahr für die gesunde Seelenthätigkeit des Individuums.

In dieser Beziehung muss aber besonders aufmerksam gemacht werden, dass es nicht auf die Stärke oder Schwäche einer einzelnen Seelenfähigkeit ankomme, als vielmehr, inwieferne dieselbe bezüglich aller übrigen Seelenfähigkeiten entweder zu stark oder zu schwach ist. Eine sehr starke Phantasie zum Beispiel kann da, wo Verstand und das Gedächtnis ihr das Gleichgewicht halten, einen völlig gesunden Seelenzustand zulassen; wo diese Ausgleichung nicht stattfindet, kann sie krankhaft sein. Ebenso ist zu bemerken, dass Störungen der Harmonie unter den Seelenkräften sich oft von selber aufheben und nur,

wenn sie zu lange anhaltend fortdauern, führen sie schliesslich
eine Seelenkrankheit herbei.

Menschen, die sich sehr anhaltenden und intensiven
Studien hingeben, die, entweder durch eine unruhige Begierde
getrieben, dem Ungestüme ihrer Phantasie sich überlassen,
oder durch einen vorherrschenden Hang für Theorien und
Hypothesen, wie durch Neigung und Reiz alle ihre Gedanken
und Bestrebungen ausschliesslich auf einen einzigen Gegenstand
lenken und ihre Geisteskräfte abspannen, sind in einer zu
Seelenstörungen geeigneten Lage. Während die Einen von einer
unbezwinglichen Beweglichkeit des Geistes sind, scheint bei
anderen der Geist nur für ein gewisses Object da zu sein und
mit Starrheit an dem damit in Verbindung stehenden Gedanken
zu hängen. Zu Vielerlei verwirrt, Ausschliesslichkeit
fixirt.

Die grösste Gefahr, einer psychischen Krankheit zu verfallen, ist dann vorhanden, wenn bei jungen und überdies sehr
sensiblen Personen die Phantasie in einer heftigen und anhaltenden Weise überreizt wird, was namentlich durch die unheil-
volle Lectüre gewisser Bücher geschieht, in welchen die verschiedenen und zartesten Lebensverhältnisse in einer über-
schwänglichen und phantastischen Weise geschildert werden.
Die Leser werden in eine fieberhafte Aufregung versetzt, geben
sich den gefährlichsten Träumereien hin, verlieren die Lust an
ernster Beschäftigung, sie fühlen sich überaus unglücklich durch
die zahlreichen Enttäuschungen, denen sie auf ihrem Lebens-
wege begegnen und die im Widerspruche stehen mit ihren
Phantasiegebilden. Mit Recht sagt Dr. Bruno Schön: „Viele
sind durch die Romanleserei wahnsinnig geworden, besonders
nervöse Mädchen durch die Sinne kitzelnden und die Phantasie
vergiftenden Romane". Ebenso bemerkt derselbe Seelenkenner:
„Es gibt viele Romanscribenten, die im Irrenhause ihr Leben
endeten; sie verfielen in Folge ihrer überreizten Phantasie dem
Wahnsinne". Dieselbe Erfahrung machte Dr. Esquirol, ein
berühmter Irrenarzt; er beobachtete, dass bei Dichtern und
Künstlern, bei denen die Einbildungskraft in einer gesteigerten
Aufregung begriffen ist, Geistesstörungen verhältnismässig un-

gemein häufig vorkommen. Carière schreibt in seinem geistreichen Werke „Das Wesen der Poesie": „Je lebhafter die Phantasiegestalten vor dem Auge des Geistes stehen, desto mehr entrücken sie den Menschen aus der unmittelbaren Gegenwart und ziehen ihn in ihr Reich, dass er alles andere vergisst und träumend sich in sie versenkt. Und wenn sie nun so lebhaft erscheinen, dass der Dichter an ihre Objectivität glaubt, und wenn er ihren Zug nicht mehr beherrschen kann, so verliert er sich selbst in ihnen, und es lagert sich die Nacht des Wahnsinnes über die Seele, welche dann der Ort ist, wo die Vorstellungen im haltlosen Taumel hin- und herwogen". Dieselbe Gefahr für die Geistesstörung bei exaltirter Phantasie bezeichnet der bekannte Dichter Lenau mit den Worten: „Wir Dichter sind so phantastische Wagenlenker, die sehr leicht einmal von ihren eigenen Gedanken geschleift werden können".*) Von der Ueberschwenglichkeit mancher poetischer Naturen hat Feuchtersleben in sarkastischer Weise gesagt: „Die Quellen der modernen Poesie sind grösstentheils krankhafte Zustände: Hypochondrie ist die Amme der modernen Literatur, und man wird nächstens zur Beurtheilung mancher junger Dichter des Arztes statt des Recensenten bedürfen". Hufeland äussert sich vom hygienischen Standpunkte folgendermassen: „Nichts reibt die Manneskraft so auf, als die feine oder grobe Phantasie-Unzucht. Jede Leidenschaft greift ein besonderes Organ an, zum Beispiel der Neid die Leber, der Zorn die Galle, die kranke Phantasie aber das Gehirn und das Rückenmark, den Kern der männlichen Kraft".

Vom Standpunkte der Pädagogik wird es eine vorzügliche Aufgabe des Seelsorgers bei der pastorellen Leitung seiner Gemeinde sein, die Eltern, Lehrer und Erzieher aufmerksam zu machen, besonders wenn vielleicht unter den Kindern oder jüngeren Leuten sich auch solche befinden, bei denen prädisponirende Momente vorhanden sind, dass sie bei diesen Personen für eine harmonische Entwickelung und Bildung der

---

*) Der Arme hat dies an sich selbst erfahren, da er in den letzteren Jahren seines Lebens der Geistesnacht anheimgefallen ist.

Seelenkräfte die grösstmöglichste Sorgfalt anwenden: die Lectüre derselben gewissenhaft überwachen und besonders dem excentrischen Phantasiefluge bei Zeiten kräftige Zügel anlegen. 2. Zu den psychischen Ursachen der Seelenstörungen gehören die Affecte. Unter Affect verstehen wir eine lebhaftere und stärkere Bewegung des Strebevermögens in Anbetracht eines Gutes oder eines Uebels, eine momentane und intensive Gemüthsbewegung Die Affecte bilden nicht allein die wahre Anlage zu Seelenstörungen, sondern stehen mit diesen und ihren Varietäten in engster Beziehung; sie üben einen äusserst nachtheiligen Einfluss auf das Cerebralsystem aus, indem heftige Congestionszustände entstehen. Die Affecte sind, was häufiger der Fall ist, plötzlich entstehende, zumeist sehr erschütternde Bewegungen oder langsam sich erhebende, dann aber länger andauernde Gemüthserregungen. Zu den ersteren, zu denen auch Zorn und Wuth gehören, wird vor Allem der Schreck und die mit ihm verwandten Affecte, wie die Bestürzung, das Entsetzen, z. B. beim plötzlichen Ausbruche einer Feuersbrunst, eines drohenden Gebäudeeinsturzes oder sonstiger Unglücksfälle etc. gerechnet. Zu den langsam sich erhebenden gehören alle die das Selbstgefühl verändernden Affecte der Sorge, des Kummers, des Grames u. s. w.: sie wirken in wenig intensiver aber anhaltender Weise auf das Gehirn und von da auf die übrigen Functionen des Organimus. Es ist allbekannt, wie die Affecte das Athmen, die Thätigkeit des Herzens beeinträchtigen, wie der Schlund, die Speiseröhre, die Bronchien, und Kapillargefässe krampfhaft contrahiren und starke Congestionen verursachen Der Herzschlag wird schwach und langsam, ein durch unvollständiges Athmen mangelhaft oxidirtes Blut wird auch durch das schwächer fungirende Herz mit geringerer Kraft und in grösserem Zeitraume in die Gefässe getrieben. Dadurch leidet der Stoffumsatz und die Ernährung des ganzen Organismus. Auf diese Weise kommt es in Folge depressiver Gemüthsbewegungen zu passiven Hyperaemien und später zu Anaemien des Gehirns mit ihren weiteren

Folgen, welche die verschiedenen Formen des Irrseins erzeugen.

Wegen der Vereinigung von Leib und Seele zu einer einheitlichen Person können die Gefühlszustände der Seele nicht ohne Wechselwirkung mit dem Leibe stattfinden. Der Leib wirkt zunächst auf die fühlende Seele ein. So erfüllt leibliche Gesundheit die Seele mit Wohlbehagen; sie steigert die Lust und mildert die Unlust: Krankheiten und Schmerzen dagegen dämpfen die Lustgefühle. Umgekehrt wirken die Gefühle auf den körperlichen Organismus zurück. Die seelische Erregtheit geht unmessbar rasch auf die Bewegungsnerven über und veranlasst jene Muskelbewegungen, welche man die mimischen Bewegungen nennt. So äussert sich die Gefühlserregung am ersten und leichtesten in Bewegung, Stellung, Blick des Auges: dann erstreckt sie sich auf die Kaumuskeln, die Stirn- und Mundbewegungsmuskeln, dann auf die Athem- und Herzbewegung, weiterhin auf die Nerven des Rückenmarks, zuletzt auf die äusseren Gliedmassen.

Als Mittelpunkt des Gefühlsapparates kann man das Herz, dieses „perpetuum mobile" des Lebens, ansehen. Das Herz, aus rhythmisch sich zusammenziehenden Muskelfasern bestehend, ist ein nie ermüdendes Pumpenwerk, welches nach hydraulischen Gesetzen das Blut in den Gefässröhren des Körpers in kreisender Bewegung erhält. Wie die übrigen Muskeln, hat es eine Reihe von Nerven, wodurch es auch mit den Cerebrospinalnerven in Verbindung steht. Und zwar sind es zwei entgegengesetzt wirkende Nervengruppen, welche vom Gehirn aus zum Herzen sich verbreiten, nämlich Bewegungs- und Hemmungsnerven; werden jene gereizt, so erhöhen sie den Herzschlag, werden diese gereizt, so hemmen sie die Herzthätigkeit. Daraus erklärt sich, wie die verschiedenen Gefühle auf den Herzschlag bald erregend, bald hemmend einwirken.

Es gibt auch Affecte, die auf einem erhöhten Selbstgefühl beruhen, z. B. Eitelkeit, Ehrsucht, Stolz, Hochmuth u. s. w., sie verursachen oft eine bedeutende Gemüthserregung, werden aber seltener Gelegenheitsursachen des Irrsinnes, obwohl, wie Baader ganz richtig bemerkt: „Der Selbstsüchtige, der sich für den alleinigen Zweck aller übrigen Menschen und des ganzen Universums achtet, im Principe bereits ein Phantast und wahnsinnig ist, wenn er sich auch auf die Erreichung dieses Zweckes noch so gut versteht".

3. Was von dem Einflusse der Affecte auf Geistesstörungen gesagt worden ist, gilt noch mehr von den Leidenschaften, darunter verstehen wir haftende, bleibend gewordene, affectvolle Gemüthszustände, welche in andauernde Begierde und gewaltiges Streben nach deren Befriedigung übergehen. Leidenschaft ist also eine auf Kosten der Willensfreiheit in hohem Grade gesteigerte Begierde oder die selbstverschuldete Herrschaft einer Begierde über den freien Willen. Wie der Affect das Seelenleben gewaltsam erschüttert, so wirkt er auch in seiner Heftigkeit gewaltsam, plötzlich und nicht selten zerstörend auf die Functionen des Leibes und auf den organischen Körper ein, gleich einer akuten Krankheit. Die Leidenschaften hingegen nagen gleich chronischen Krankheiten an der Gesundheit des Leibes und führen, wenn sie einmal tiefe Wurzeln geschlagen haben, den Leib früher oder später dem Verderben zu. „Der Affect, sagt Kant, wirkt auf die Gesundheit wie ein Schlagfluss, die Leidenschaft wie eine Schwindsucht." Dieselben schädlichen Einflüsse zeigen sich auch im Seelenleben. Der Leidenschaft liegen immer Vorstellungen von dem persönlichen Zustande, worauf sie als ein bestimmtes Begehren gerichtet ist, zu Grunde. Sie erzeugt daher eine beständige Richtung der Aufmerksamkeit auf bestimmte Gegenstände und wird durch Alles, was mit den Vorstellungen von diesem und den Gesetzen der Ideenassociation in Verbindung steht, aufgeregt und zur Aeusserung gebracht. Wahnideen und fixe Gedanken entwickeln sich sehr häufig. Da nun der Mensch im Zustande der Leidenschaft nach dem von einer heftigen Begierde vorgezeichneten Zwecke trachtet, so denkt er unablässig nach über die zur Erreichung dieses Zweckes nothwendigen Mittel. Bei diesem Sinnen und Trachten bewegt er sich fortwährend in demselben Ideenkreise. Man sagt nicht mit Unrecht, die Leidenschaft mache den Menschen blind, indem eine bestimmte Art von Begierden sich der Leitung des Willens

bemächtigt, den Einfluss der Vernunft hindert und die Freiheit hemmt; daher lässt er sich von seiner Leidenschaft sklavenmässig fortschleppen; wenn er auch einsieht, wie schädlich und schändlich er handelt, ist er doch nicht mehr im Stande, sich die Befriedigung seiner Begierden zu versagen, ja es wird ihm nach und nach unmöglich, einen Widerstand zu leisten und er verfällt endlich in Trübsinn, Verwirrung und Verzweiflung. Mit Recht sagt Heinroth: „Die Quellen der Seelenstörungen sind vorzüglich in der herrschenden Unvernunft des Menschen, in seinem leidenschaftlichen Dichten und Trachten, in seiner Selbstsucht zu finden."

Unter allen Leidenschaften und Auswüchsen der Selbstsucht sind die zügellose, sinnliche Liebe, die Eifersucht. das leidenschaftliche Spiel u. s w, welche am häufigsten Ursache der Geistesstörungen sind. Kann man sich wohl ein schrecklicheres Bild vorstellen, als das eines vom Dämon der Eifersucht geplagten Weibes? Welche stürmische Aufregung beherrscht ein solches Wesen; ein Meer von Bosheit, Rachsucht und Wuth ist in solch wildaufgeregtem Gemüthe ausgegossen! Der anhaltende und sich immer steigernde Zustand der Gemüthserschütterung muss nothwendigerweise zur Geistesverwirrung führen, in welcher nicht selten die grausamsten Verbrechen begangen werden.

Zahlreich sind die Opfer, die dem leidenschaftlichen Spiele anheimfallen. Ich erinnere mich sehr lebhaft an einen gut situirten Mann, der dem Lottospiele mit Leidenschaft ergeben war; er erhöhte progressiv den Einsatz auf eine Nummer und dieser Einsatz erreichte oft die Höhe von drei- bis viertausend Gulden. Man denke sich nun die continuirliche und enorme Gemüthsaufregung, die schlaflosen, kummer- und angstvollen Nächte, die der Unglückliche verbrachte, und dieser Zustand dauerte mehrere Jahre. Wie gewaltig mussten unter solchen Umständen alle Seelenkräfte erschüttert werden! Das Ende war, dass man den Unglücklichen in die psychiatrische Anstalt bringen musste, wo er nach acht Jahren von einem jammervollen Dasein durch den Tod erlöst wurde.

Wenn nun die Affecte und Leidenschaften die häufigste psychische Ursache der Seelenstörungen sind, so muss bei dem überaus wichtigen Geschäfte der Erziehung gleich vom Anbeginne dafür Sorge getragen werden, dass die Gefühle gehörig geregelt und weise geleitet werden; falls sich aber bei einzelnen Individuen die Anfänge von heftigen Gemüthsbewegungen zeigten, müsste ihnen mit strengster Consequenz entgegengetreten werden. „Principiis obsta, sero medicina paratur,‘ ist ein Grundsatz, der besonders in diesen Fällen mit grossem Nutzen angewendet wird.

Schliesslich möge bemerkt werden, dass geistige, selbst anstrengende Beschäftigung nur äusserst selten eine Geistesstörung verursacht. Wo dies geschieht, sind gewöhnlich nebst der geistigen Anstrengung andere schädliche Einflüsse, wie sehr häufige Nachtwachen, der Gebrauch excitirender Mittel, Nahrungssorgen u. s. w. nachzuweisen.

4. Den directen Einfluss des Dämons auf den Menschengeist zufolge der Obsession durch besondere Zulassung Gottes kann man ebenfalls zu den psychischen Ursachen der Geistesstörung zählen. Dass in allen psychiatrischen Schriften eine derartige Influenzirung des bösen Geistes auf den Menschen gar nicht erwähnt wird, lässt sich einerseits daraus erklären, dass vielleicht die allermeisten Psychiatriker die persönliche Existenz des Teufels in Abrede stellen, andererseits, dass man überhaupt die Möglichkeit einer wirklichen Besitzergreifung des Menschen durch den Dämon leugnet.*)

Es ist ohne Zweifel eines der schwersten Probleme der Wissenschaft, zu erklären, wie eine solche Zuständlichkeit sich gestalte. Diejenigen, welche den historischen Charakter der heiligen Schrift noch anerkennen, erklären die mannigfaltigen Zustände und Erscheinungen der Energumenen als verschie-

---

*) Wenn Dr. Eminghaus (Seite 55) schreibt: „Gassner, ein Priester, von dem man nicht weiss, ob er Fanatiker oder Betrüger gewesen, unterscheidet sorgfältig bei seinen Exorcismen etc.‘ — möchte ich bemerken, dass Doctor und Theologie-Professor Gassner in Salzburg noch am Leben ist, weder ein Fanatiker, noch weniger ein Betrüger, sondern ein allgemein sehr geschätzter und um die Wissenschaft viel verdienter Priester ist.

dene Arten von Krankheiten. So meinen sie, gab es Leidende, deren Uebel sehr tiefe Wurzeln gefasst hatte, und dem Wesen nach den Aerzten verborgen ‚blieb, wie dies bei den Leiden des Nervensystems so häufig der Fall sei, wo die mannigfachsten und seltsamsten Convulsionen und Krämpfe oft den Anschein nehmen, als sei es eine fremde, böse Gewalt, welche die Glieder zerre oder rüttle.

Andere zählten zu den Besessenen solche Menschen, die groben Leidenschaften untergeben, selber in dem Wahne lebten, dass sie bösen Dämonen unterworfen seien, von denen sie zu Lastern hingerissen und in selben festgebannt würden. Endlich will man unter den Dämonischen noch solche unterscheiden, die von melancholischer Gemüthsstimmung, von verkehrter Phantasie, oder vollends von Wahnsinn getäuscht, sich für Besessene hielten, und dieser Einbildung gemäss ganz toll und wild sich gebärdeten

Allein in die klaren und umständlichen Berichte der Evangelien einen anderen als den Wortsinn zu bringen, ist bei aller Gewandtheit jener Darstellungen doch nicht möglich, ohne die Heiligkeit Jesu anzutasten, der nicht allein die diesfälligen Meinungen und Ansichten seiner Zeitgenossen durch Wort und That bestätigte, sondern auch die Herrschaft über die bösen Geister unter die Wahrzeichen seiner messianischen Würde rechnete, und seinen Jüngern dieselbe Macht verhiess, der seine Rede geradezu an die Dämonen richtete, ihnen Stillschweigen auferlegte und ihren Ort zu verlassen gebot.

Da entsteht nun freilich eine andere und schwierige Frage: wie solche lediglich geistige Wesen, die aller Körperlichkeit ermangeln und mit den Kräften und organischen Bildungen des Naturlebens nichts gemein haben, auf diese Körperwelt, und insbesondere auf den leiblichen Menschen einzuwirken vermögen? So viel ist gewiss, dass nie ein Dämon der menschlichen Seele substanziell innewohnen und diese zur blossen Werkzeuglichkeit machen, noch auch, dass er selbst anstatt der Seele das innere Lebensprincip des Leibes werden kann, weil durch jenes die Freiheit der Seele

aufgehoben, durch dieses die lebendige Einigung der beiden
Naturen des Menschen zerrissen würde und dennoch ist dieser
Einfluss des Dämons nicht rein virtuell zu denken, was
einestheils der unzweideutigen Schriftsprache, anderntheils der
Natur der Sache selbst entgegen wäre.

Vorerst möge bemerkt werden, dass der Zustand der
dämonischen Besessenheit an und für sich, wenn schon ein
abnormer, doch ebenso wenig ein wunderbarer zu nennen sei,
als der normale, von Gott begründete Lebensverkehr zwischen
dem Menschengeiste und dem Leibe, wo gleichfalls ein rein
geistiges Wesen auf das Vielseitigste in die organischen Lebenskreise einwirkt. Wenn dies letztere eine Thatsache ist, die
Niemand leugnen kann, warum sollte es nicht auch einem
fremden Geiste unter besonderen Momenten möglich sein, auf
das leibliche Menschenleben einzuwirken? Dagegen pflegt man
nun freilich einzuwenden, dass in solchen Fällen dann, in einem
und demselben Menschen, zwei bewegende Principe zugleich
wirksam sein müssten, gleichsam zwei Seelen in Einem Leibe,
was eben undenkbar sei.

Allein hier ist von keinem neuen und fremden Lebens-
Principe die Rede, sondern von einer fremden geistigen Willens-
macht, die sich gewisser Organe des leiblichen Lebens bemächtigt, um darüber mit Bosheit zu schalten. Denn, was den
Menschengeist selbst betrifft, so ist dieser so wesentlich frei,
oder die Freiheit des Willens eine so eigenthümliche Aeusserung seines Wesengrundes, dass sie, einmal von Gott gesetzt,
selbst von Gott nicht gebunden oder gezwungen wird, weil das
eben der göttlichen Idee vom Menschen widerspräche, umso
weniger ist daher denkbar, dass ein fremder geschöpflicher
Geist ihn im vollen Sinne bewältige. Wohl aber ist dies möglich im Gebiete der an sich unfreien Natur, und dies ist eben
bei den Energumenen der Fall, wo die leiblich dyna-
mische Hälfte des Menschen von dem (bösen) Willen
eines fremden Geistes beherrscht, die eigene Geistesthätigkeit aber gehemmt und ihr Einfluss auf die Organe zeitweise aufgehoben erscheint. (C. A. Eschenmayer ,Reflexionen
über besessen sein.')

In der That ist bei allen Dämonischen, deren Zustände die evangelische Geschichte schildert, neben gewissen Unordnungen der höheren Nervensysteme (Starrsucht, Epilepsie, Lähmung) auch eine besondere Störung und Verdüsterung des Selbstbewusstseins auffallend: und wenn schon diese beiden Arten krankhafter Zerrüttung nicht eben das Eigenthümliche der dämonischen Besitzung ausmachen, indem sie oftmals auch aus rein physischen Ursachen hervorgehen, so sind sie doch wenigstens die ziemlich constanten Begleiter dämonischer Zustände, in welchen jederzeit ebensowohl körperliche als seelische Verstimmungen in enger Verkettung erscheinen. (Olshausen bibl. Comment.)

Je mehr der Menschengeist — zufolge der Sünde — vom Gehorsame Gottes abgewendet, dem Dienste der sinnlichen Natur sich hingab, desto mehr vermochte diese die Herrschaft des Geistes zu verdrängen: aber eben in diesem Zwiespalte zwischen ihr und dem Geiste, dem sie zugewiesen ist, liegt die furchtbare Möglichkeit, dass auch ein fremder Geist sich ihrer bemächtigen kann.

Insofern aber in jenen leiblich Besessenen, wie das Evangelium sie zeichnet, die eigentlich geistige Lebensseite nicht gänzlich verdrängt war, vielmehr das Selbstbewusstsein in freien Zwischenzeiten noch hervortrat, so ist auch bei Allen ein zeitweises Erkennen ihres kläglichen Zustandes und die Sehnsucht nach Erlösung sichtbar. Im Kampfe jedoch mit der finsteren Macht des fremden Geistes, der sich der höheren, sonst der denkenden Seele dienstbaren Organe bemächtigt hat, ging dieses Licht des Bewusstseins in den Augenblicken der heftigsten Paroxismen unter. Und so ist es bald der fremde Geist, der mittelst der Sprachorgane des Leidenden redet, bald der Leidende, der, die Person verwechselnd, so von sich redet, als ob er selber der Dämon wäre; bald ist es wieder der Leidende, der im wieder erwachten Bewusstsein seiner eigenen Persönlichkeit und im vollen Gefühle seines Jammers spricht. Am schärfsten ausgebildet erscheinen diese Züge in der Geschichte des dämonischen Geraseners, von dem der Evangelist Matthäus, Cap. 8, v. 28, ausführlich berichtet.

Dass dämonische Einflüsse psychische Ursache der Seelenstörung sein können und auch wirklich sind, dafür haben wir einen eclatanten Beweis im Evangelium des heiligen Markus, Cap. 5, v. 4 u. s. f., in welchem der Zustand eines Besessenen folgendermassen geschildert wird: ‚Wenn er mit Ketten und Fussfesseln gebunden war, hatte er die Fesseln zerrissen und die Fussfesseln zerrieben und niemand konnte ihn bändigen. Immerfort, Tag und Nacht hielt er sich in den Gräbern und im Gebirge auf, schrie und schlug sich selbst.' Mit dieser Schilderung sind unzweideutig die Erscheinungsformen eines Tobsüchtigen, also eines Geistesgestörten, bezeichnet. Dass aber die Ursache dieser Geistesstörung dem dämonischen Einflusse zugeschrieben werden müsse, dafür sprechen die Worte Christi: ‚Fahr' aus diesem Menschen, du unreiner Geist.' Die unmittelbare Wirkung dieser Machtworte des göttlichen Herrn lässt keinen Zweifel übrig, worin die Ursache dieses schrecklichen Zustandes lag, denn es heisst: ‚Alsobald kleidete sich der vom Teufel Besessene an und war vernünftig' (sanae mentis).

Am Schlusse dieser Abhandlung kann ich nicht unerwähnt lassen die klare und lichtvolle Darstellung der Möglichkeit des dämonischen Einflusses, welche der in meinem Vorworte zu dieser Auflage angeführte Herr Recensent gegeben hat. ‚Es unterliegt keinem Zweifel, sagt er, dass der Dämon sowohl die somatischen Störungen, welche zu Psychosen disponiren, als auch Gemüthsverstimmungen, mit denen letztere zu beginnen pflegen, herbeiführen kann. Er kann ferner auf die Phantasie und auf die Sinne selbst einwirken und so in zweifacher Weise Sinnestäuschungen verursachen; andererseits kann er starke Affecte und Leidenschaften, die psychischen Ursachen der Geistesstörungen, wachrufen und bis ins Ungemessene steigern. Und das alles kann er noch ohne eigentliche Besitznahme bewirken.' — Es gibt ja eine Suggestio, Circumsessio, indem die Influenzirung von Aussen her auf den menschlichen Geist geschieht. — Umso schrecklicher muss der Einfluss bei der wirklichen Besitznahme des Menschen durch den Dämon sein!

Eine andere mehr praktische Frage stellt der Herr Recensent auf: ‚Wie kann man erkennen, dass eine Geisteskrankheit von bösem Geiste verursacht sei? Und diese Frage löst sich auf in folgende zwei: Erstlich welche Erscheinungen legen die Vermuthung nahe, dass der Dämon die Geisteskrankheit verursacht? Zweitens, durch welche Mittel kann diese Thatsache festgestellt werden?‘

Ich gestehe es gerne, dass der Einfluss des Dämons auf den Menschen theoretisch leichter nachgewiesen werden kann, dass es aber sehr schwer ist, in concreten Fällen den Nachweis zu liefern, die Ursache der Geistesstörung sei in der Obsession zu suchen. — Da möchte ich aber aufmerksam machen, dass bei so abnormen und ganz ausserordentlichen Fällen der Seelsorger nie selbständig und eigenmächtig vorgehen darf, zumal ja die Ausübung des Exorcismus als für sich bestehender liturgischer Act ohne specielle Erlaubnis des Ordinariates nicht geschehen darf.

Wenn daher ein Fall vorkommen sollte, dass ein Mensch in einem ganz und gar moralisch zerrütteten Zustande sich befindet, in krassem Unglauben dahinlebt, von einem Hass gegen Gott und alles Heilige erfüllt ist, wenn dann Erscheinungen zu Tage treten, die sich auf natürliche Weise' durchaus nicht erklären lassen, müsste der Seelsorger einen diesbezüglichen genauen Bericht an das Ordinariat erstatten, und um Weisung seines Verhaltens ansuchen. Bei einer so ernsten Sachlage dürfte eine Commission, bestehend aus verlässlichen Aerzten und Vertretern der kirchlichen Behörden, angeordnet werden, die nach genauer Erwägung das Resultat der Untersuchung dem Bischof vorzutragen hätte, hierauf würden dem Seelsorger angemessene Instructionen gegeben werden.

Da nun gegen die Möglichkeit einer Thatsache, deren Wirklichkeit ohnehin aus höheren Gründen unbestreitbar bleibt, nichts einzuwenden ist, möchte der rechtende Verstand die Frage aufwerfen, wie es die göttliche Güte unbehindert geschehen lassen könne, dass so heillose geistige Kräfte über den Menschen Gewalt bekommen. Allein, wer bedenkt, dass

jede Zerrüttung in der Geister- und Menschenwelt eine Folge
der Sünde ist. ein Missbrauch der Willensfreiheit, welche
letztere Gott nicht aufheben kann, ohne mit sich selbst in
Widerspruch zu kommen, der wird in dieser Zu'assung ebensowenig eine Schwierigkeit finden, als er eine Schwierigkeit
erheben könnte gegen die göttliche Macht und Liebe, obwohl
in der Menschenwelt die physischen und moralischen Uebeln
zahllos sind.

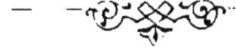

Fünfter Vortrag.

Wie auf dem Gebiete des leiblichen Lebens beim Eintritte der mannigfachen Störungen im Organismus die erste Aufgabe des Arztes ist, die Ursachen dieser Störungen auszusuchen, so hat auch der Seelenarzt, der Priester, bei den verschiedenen krankhaften Zuständen auf dem moralischen Gebiete nach den Quellen und Ursachen, aus welchen jene entstehen. zu forschen. Weil aber bei den psychischen Krankheiten fast immer beide Sphären des menschlichen Wesens ins Mitleid gezogen sind, und die Ursachen der Geistesstörungen sowohl im Leibe, als in der geistigen Disposition liegen. so war es nothwendig, die somatischen und die psychischen Ursachen der Psychosen eingehend zu behandeln.

In den Ursachen der Störung des normalen Lebens liegt gleichsam die Wurzel, aus der sich die Krankheit entwickelt. sie tritt mannigfaltig zum Vorschein in den Entwicklungsstadien. und zeigt sich in speciellen Erscheinungsformen — Symptomen, aus welchen man auch den Fortgangsgrad der Störung entnehmen kann. Man muss daher diesen Erscheinungsformen eine besondere Aufmerksamkeit zuwenden, um so die Art der Krankheit und das Stadium derselben richtig beurtheilen zu können. Bevor wir aber die einzelnen Erscheinungsformen genauer untersuchen. ist es nothwendig, die allgemeine Entstehungsweise der psychischen Krankheiten festzustellen.

Das psychische Leiden ist ein Process, der sich aus einer Kette von Zuständen zusammensetzt: Anheben der Störung mit einer initialen Schwermuthsperiode (prodromale Melancholie), sodann Exaltationszustände, endlich die verschiedenen Formen psychischer Schwäche als Beschluss des Ganzen (terminaler Blödsinn).

Die Wissenschaft bestätigt das, was die Erfahrung zeigt, dass das Irrsein, die Verstandesstörung, nur in seltenen Fällen gleich als solche auftritt, dass im Beginne vielmehr die Gemüthslage krankhaft wird, indem der Gemüthszustand durch subjective Vorgänge verändert wird, und zwar sind es in der Regel die peinlichen Gefühle der Beklemmung, der Angst, der Traurigkeit, die Verminderung des Selbstgefühls, welche den krankhaften Zustand einleiten.

Es werden durch die beginnende Gehirnerkrankung dem Individuum dauernde Gefühle und Stimmungen aufgedrungen, die in keinem äusseren Motive begründet sind, die aber seine gewohnte Gemüthslage umwandeln, diesen Zustand nennt man Verstimmung. Oft macht die traurige Verstimmung den Anfang bei psychischen Erkrankungen, schlägt aber bald in eine heitere Verstimmung um. Bei einer heiteren Verstimmung fühlt sich der Kranke ganz wohl und glücklich, sein Selbstgefühl ist gehoben; er sieht Alles, selbst das Trübste, im rosigen Lichte, er beachtet nicht die drückendsten Umstände, die auf ihm lasten und die traurigen Verhältnisse, in welchen er sich befindet. Während bei der traurigen Verstimmung eine gedrückte und wehmüthige Zuständlichkeit sich manifestirt, eine Abspannung, Ermattung und förmliche Apathie zum Vorscheine tritt.

Die Verstimmung selbst wird von dem Kranken anfangs oft noch geheim gehalten, so lange er sie eben vor Andern beherrschen kann. Bei einer weiteren Steigerung derselben hat es dann den Anschein, als ob die Psychose plötzlich erst ausgebrochen wäre, obgleich sie sich schon vor geraumer Zeit langsam und allmälig entwickelt hat. Ferner kann die Verstimmung längere Zeit bestehen und einen hohen Grad erreichen, ohne Verstandesstörung, ohne Wahnvorstellungen in ihrem Gefolge zu haben. Daher kommt es nicht selten vor, dass solche Individuen in diesem Stadium ihrer Krankheit als gesund betrachtet werden.

Es ist bereits gesagt worden, dass die meisten Geistesstörungen mit einem psychischen Schmerzzustande beginnen, der keineswegs in äusseren Verhältnissen begründet ist, durch den aber die frühere geistige Energie geschwächt und untergraben wird. Das Gefühl der verminderten geistigen Kraft weckt in dem Kranken Misstrauen und Argwohn; die natürlichsten Gefühle erleiden eine beklagenswerthe Veränderung. Liebe und Freundschaft verwandeln sich in Abneigung und Hass oder in gefühllose Gleichgiltigkeit. Personen, die dem Kranken ehedem sehr lieb und werth gewesen sind, denen er mit ganzer Seele ergeben war, erscheinen ihm jetzt unsympathisch und lästig, ja, er betrachtet sie als seine Widersacher. Auf diese Weise erscheint dem Kranken Alles verändert in seiner Umgebung, während er sich seiner eigenen krankhaften Veränderung kaum und stets nur undeutlich bewusst ist. Ja, nur in den seltensten Fällen, und gewöhnlich auch dann nur im Beginne seines leidenden Zustandes, wird er einigermassen eine klare Einsicht in denselben haben. In einem solchen Falle geschieht es dann zuweilen, dass solche Individuen die Besorgnis, ja die Furcht, irrsinnig zu werden, aussprechen. Ich kannte einen jungen Mann, er war Priester, der sich durch längere Zeit in einer sehr erregten Stimmung befand, dabei aber seine Berufspflichten erfüllen konnte. Eines Tages sagte er in wehmüthigem Tone zu seinem Collegen: „Freund! es ist ein schrecklicher Gedanke zu wissen — ich werde irrsinnig". Nach einigen Wochen brach mit aller Gewalt die Krankheit aus, die ihn nicht mehr verliess. In dieser Geistesnacht lebte der Unglückliche durch mehr als dreissig Jahre, bis der Tod seinem jammervollen Zustande ein Ende machte. (Der Vater und ein Bruder des Unglücklichen endeten ebenfalls ihr Leben in einer psychiatrischen Anstalt.)

Weit häufiger aber, als in sich selbst, suchen die Verstimmten in den Dingen der Aussenwelt oder in der Vergangenheit ihres Lebens eine Erklärung für ihre Angstgefühle, für ihre Traurigkeit, für ihre Unruhe, sie schreiben gerne Anderen böse Absichten, geheimnisvolle, gegen sie gerichtete Handlungen zu, oder beschuldigen sich selbst gewisser Gedanken und Thaten, denen ihr wankender Geist den Stempel des Verbrechens, der Missethat aufdrückt. Die Angst und die Furcht treiben den Kranken zur Verzweiflung, oder das Gefühl einer imaginären Verworfenheit bannt ihn in ein starres Insichversunkensein fest, wenn er nicht zum äussersten Mittel, zum Selbstmorde greift. Ein Kaufmann, L., 45 Jahre alt, der in Eisenwaaren ein ausgedehntes Geschäft unternahm und durch eine Erfindung sich ausserordentliche Vortheile erhoffte, fand sich bald sehr enttäuscht in seinen Erwartungen. Er gerieth darüber Anfangs in eine solche nervöse Aufregung, dass er oft am ganzen Leibe zitterte, er sass oft stundenlang und sah mit starren Blicken vor sich hin, er konnte monatelang nicht schlafen. Da sich der Ausführung seines Unternehmens verschiedene Schwierigkeiten und grosse Hindernisse entgegenstellten, betrachtete er alle seine Freunde, die ihm wohlmeinend den Rath ertheilten, sich zu schonen, für seine Feinde, selbst seine Frau, mit der er glücklich lebte, die ihn mit Bitten bestürmte, später allerdings Vorwürfe machte, hielt er für seine ärgste Widersacherin, die mit seinen Feinden conspirire und ihm nach dem Leben stelle. Seine Angst steigerte sich von Tag zu Tag. In einem heftigen Angstanfalle verwundete er tödtlich seine Frau (die nach zwei Tagen starb) und erschoss sich selbst.

Die entgegengesetzte heitere Verstimmung bewirkt, dass der Kranke gegen eigene und fremde Leiden gleichgiltig, unempfindlich und kalt erscheint, er lässt Anstand und Sitte ausser Acht, unbekümmert um die Meinung Anderer. In seinem Gedankenfluge macht er grossartige Entwürfe und Pläne, ohne an die Möglichkeit ihrer Ausführung zu denken; er ist rücksichtslos und kennt keine Schranken für sein ausschweifendes

Wollen, handelt rasch und unbesonnen und duldet keinen Widerspruch.

In welcher Weise die Anomalien des Gemüthes auftreten mögen, immer kommt unter ihrem Einflusse eine nothwendige auffallende Umwandlung des Charakters zu Stande, welche in der That gewöhnlich das erste, die Umgebung allarmirende Symptom der beginnenden Seelenstörung bildet.

Mit der Verstimmung des Gemüthes, die in der Regel die Einleitung der Geistesstörung bildet, geschieht der Uebergang zur Störung der Denkthätigkeit, was aus dem Wechselverhältnisse zwischen Leib und Seele erklärbar ist. Aus der Empfindung entwickelt sich ja die Vorstellung, der Ansatz zum Begriff, der Verstand setzt dann seine weitere Thätigkeit zu Urtheilen und diese zu Schlüssen fort. Ist nun die Grundlage, die Vorstellung krank, so ist der Begriff, das Urtheil und der Schluss, kurz der ganze Denkungsprocess krankhaft, irrig.

Es ist leicht erklärbar, dass ein anhaltender psychischer Schmerz (der bei einer trüben Verstimmung stets vorhanden ist) so gut und noch mehr wie der physische hemmend auf die Bildung und Verarbeitung der Vorstellungen einwirken muss, dass hartnäckig sich aufdrängende Ideen, die sich unabweislich in den Vordergrund des Bewusstseins stellen, den gewohnten Gedankengang beeinträchtigen und verlangsamen, während eine krankhaft heitere Stimmung, ein gehobenes Selbstgefühl, wie es den primären Exaltationsformen des Irrseins eigen ist, mit einem beschleunigten Wechsel der Vorstellungen einhergeht und nur zu leicht zu einer überstürzenden Unordnung und Verworrenheit im Denken führt. Diese Zustände führen meistens schon für sich, oft aber unter Mitwirkung der Sinnesdelirien zu einem falschen Inhalte der Gedanken, zu einem mehr oder weniger ausgebreiteten Delirium.

Was nun den Inhalt des Deliriums anbelangt, wird er nothwendigerweise der Stimmung entsprechen, aus welcher er hervorgeht. Ist diese eine düstere und gedrückte, so werden auch die Wahnideen denselben Charakter haben; ist die

Stimmung aber eine heitere, gehobene, so entspricht die Beschaffenheit der Wahnideen der Natur dieser Stimmung. Andererseits wird aber die Natur der Wahnideen auch bestimmt von den Erklärungsversuchen, die der Kranke anstellt, um sich über die Ursache seiner Gemüthsverstimmung klar zu werden.

Wie diese Erklärungsversuche, die der Kranke ganz instinctmässig anstellt, ausfallen, hängt von den verschiedensten zufälligen Lebensverhältnissen, von der Erziehungs- und Bildungsstufe der Persönlichkeit ab. Ein sehr interessanter Fall ist mir in der Seelsorge auf dem Lande vorgekommen. In R. befand sich eine etwas bejahrte ledige Frauensperson, die als Kleidermacherin durch mühsame Arbeit ihr Brod verdienen musste. In Folge der sitzenden Lebensweise, der schlechten Ernährung gerieth die Arme, die nebenbei histerischer Natur war, in einen sehr deprimirten Gemüthszustand; sie klagte über Magen- und Unterleibsschmerzen. Die düstere Verstimmung war bereits hochgradig. Ein Arzt aus der alten Schule, der gerufen wurde, ordnete an, dass die Kranke sich kräftiger nähren und fleissig in frischer Luft sich bewegen solle. Ersteres war nicht möglich aus Mangel an den nothwendigen Mitteln, Letzteres befolgte sie und leistete zeitweise Aushilfe bei den Feldarbeiten. Es trat kurze Zeit eine wohl unbedeutende Erleichterung ein, allein die Schmerzen hielten an, die Verstimmung nahm zu — plötzlich tauchte eine ganz eigenthümliche Wahnidee auf. Die Kranke behauptete, sie habe eines Tages bei der Arbeit auf dem Felde aus einem Wasserkruge, den man in eine Erdvertiefung gestellt hat, damit das Wasser frisch bleibe. getrunken und mit dem Wasser eine kleine Kröte verschluckt. Diese Wahnidee wurde stets fixer und der Zustand der Kranken verschlimmerte sich sehr. Da griff der Arzt, um die Wahnidee zu entfernen, zu folgendem Mittel. Er sagte, er wolle den letzten Versuch machen, und ein drastisches Mittel anwenden. durch welches das Thier umkommen müsse und sicher entfernt werde. Der Arzt trug den Angehörigen der Kranken auf, eine Kröte in Bereitschaft zu halten und im geeigneten Momente das getödtete Thier derselben vorzuweisen. Die Täuschung gelang momentan, die Kranke fühlte weder einen Druck noch Schmerz im Unterleibe: nach einigen Wochen erhob sich aber neuerdings das Uebel und der Zustand war wieder arg, diese Verschlimmerung erklärte sich die Kranke damit, dass sie sagte: die alte Kröte sei wohl abgegangen, es blieben aber die Jungen zurück.

Einer wesentlichen Störung unterliegt bei Geisteskranken die normale Ausübung des Willens. Es sind entweder deutliche Vorstellungen, die ein mit Bewusstsein einhergehendes Wollen erzeugen, oder Gefühle und dunkle Vorstellungen, welche unter günstigen Umständen die Handlungen bestimmen. Sind daher die Vorstellungen nicht lebhaft genug oder von deprimirender Natur, wie bei den Geistesschwachen oder bei gewissen Melancholikern, so wird eine Willensschwäche entstehen, die sich bis zur gänzlichen Willenlosigkeit steigern kann. Sind die Vorstellungen aber übermässig lebhaft, beziehen sie sich auf ein krankhaftes Gefühl eigener Macht und Grösse, wie dies bei den Wahnsinnigen der Fall ist, so werden auch die Willensäusserungen dem entsprechend erscheinen und können bis zum schrankenlosesten Wollen ausarten. Jedoch nicht immer liegen den Handlungen — den nur scheinbar willkürlichen Bewegungen der Irren — Vorstellungen zu Grunde. Der Drang zur Muskelbewegung kann auch in Folge sensitiver und motorischer Incitationen auftreten.

Nicht auf die Störungen des Gemüthes, des Vorstellens und der davon abhängigen Willensacte beschränkt sich die Symptomengruppe, die man an den Irren beobachtet, auch das Gemeingefühl, der Sinnes- und Muskel-Apparat, kurz alle vom Gehirne abhängigen Functionen sind vielfachen Störungen unterworfen.

Wenn das Gemeingefühl bezeichnet wird als das zum Bewusstsein gebrachte körperliche Befinden, hat das seine Bestätigung in der genetischen Entwicklung desselben. Das Gemeingefühl geht aus der Summe der Erregungen hervor, welche sämmtliche centripetale Nerven des Körpers dem Gehirne fortwährend zuleiten und hier auf den centralen Empfindungsapparat übertragen, der das ganze als die einfache aber qualitativ verschiedene Empfindung eines allgemeinen Gefühles percipirt. Es bietet daher das Gemeingefühl ein grosses Feld wechselnder Gefühlszustände, eine reichliche Quelle von Stimmungen dar; und indem man es als den Reflex sämmtlicher Vorgänge im Organismus auf das empfindende Nervensystem zu betrachten hat, lässt sich schon daraus auf die Häufigkeit der Störungen des Gemeingefühles schliessen. Von dem Wechsel der Gefühle, die fortan in uns stattfinden, bald mehr, bald weniger sich unserem Bewusstsein aufdrängen, ist das ganze körperliche Befinden abhängig.

Diese Gefühle werden häufig durch die periphere Erregung der centripetalen Nerven erzeugt. Es kann aber auch die centrale Erregung dieser Nerven sich auf die entsprechenden Theile des Körpers verbreiten und daselbst gewisse Gefühle erzeugen, die zum Bewusstsein gelangen und schon vorhandene Vorstellungen verstärken können, die wieder zu Handlungen nach Aussen hin veranlassen. Eine unredliche Handlung kann Beklemmung und Angstgefühl erzeugen, ebenso wie Beklemmung und das Angstgefühl bei Herz- oder Lungenkranken sie zu Vorstellungen von begangenen Verbrechen, von bevorstehender Verfolgung u. s. w. veranlassen kann. Eine hochgebildete und sehr ehrenwerthe Dame, 51 Jahre alt, ledig, die das Vermögen ihrer hochbetagten Mutter mit aller Gewissenhaftigkeit verwaltet hatte, litt seit längerer Zeit an Hypertrophie des Herzens, war sehr nervös und oft ungemein aufgeregt. Sie wurde trübsinnig und es bemächtigte sich ihrer eine furchtbare Angst. Ich suchte sie zu beruhigen, da entdeckte sie mir unter dem Siegel der Verschwiegenheit ein Geheimnis. Sie beschuldigte sich, das Vermögen ihrer Mutter in betrügerischer Weise an sich gezogen und vergeudet zu haben, die Mutter werde delogirt, sie selbst werde dem Strafgerichte übergeben werden. — Diese Wechselwirkung von Gefühlen und Vorstellungen ist eine Hauptquelle psychopathischer Zustände.

Was die Störung des Gemeingefühles anbelangt, kann sie eine allgemeine sein, und zwar in zweifacher Beziehung: bei Geisteskranken kommt nicht selten das Gefühl

eines gesteigerten Wohlbefindens vor. so weiset der Maniakalische jede Zumuthung, dass er krank sei. mit Entrüstung
zurück: es kann aber das Krankheitsgefühl so gesteigert sein,
dass es in keinem Verhältnisse zu dem vorhandenen Leiden
steht und bildet dann die Grundlage hypochondrischer Zustände. Die Störung des Gemeingefühles kann aber auch eine
beschränkte sein, insoferne sie sich auf einzelne Körpertheile
erstreckt: in diesem Falle entwickelt sich oft der Wahn vom
Fehlen einzelner Gliedmassen, oder Verwandlung derselben in
Holz, Glas u. s. w.

Wenn nun schon die Störungen des Gemeingefühles so
bedeutende psychopathische Zustände verursachen, um wie viel
grösser wird die Bedeutung der Anomalien sein, die bei den
Functionsthätigkeiten der höheren Sinne stattfinden! Die
Anomalien des Vorstellens. der Anschauung, der Erinnerung,
der Phantasie. In der Psychiatrie sind die Anomalien der Phantasie von besonderer Wichtigkeit. Dadurch. dass die Sinne uns die
Gegenstände nach ihrer äusseren Erscheinung, ihren sinnfälligen
Merkmalen aufschliessen, bilden sie die Grundlage unserer Erkennt-
niss der objectiven Welt. Nun hat es zwar den Anschein, dass
die Sinne uns stets täuschen, d. h. zu einer in Vergleich mit
den wahren Eigenschaften der Dinge falschen Auffassung anleiten
(die Dinge sind ja für sich weder färbig noch tönend u. s. w.).
Indess ist dieses doch keine eigentliche Täuschung. Denn die
räumlichen Verhältnisse der Dinge entsprechen an sich unserer
(richtigen) Auffassung derselben; die übrigen Merkmale (Farbe,
Schall, Geschmack u. s. w.) sind relative Merkmale. Durch
richtige Anschauung lernen wir an den Gegenständen kennen,
was wir auf diesem Wege allein erkennen können, nämlich
den Gegenstand, nicht nach seinem Wesen, sondern nach
seiner sinnfälligen Erscheinung. Eigentliche Sinnestäuschungen
finden nur dann statt, wenn wir durch gewisse Umstände bei
den Sinneseindrücken veranlasst werden, diese unrichtig aus-
zulegen. — Man unterscheidet eine doppelte Art von Sinnestäuschungen: Sinnesvorspiegelung, d. h. subjective Sinnes-
bilder, welche für objective gehalten werden, und Sinnestrug,
d. h. falsche Deutung äusserer Objecte. — Es sind Phantasmen.

Phantasmen können im Bereiche aller Sinne vorkommen. Als die häufigsten bezeichnet man ziemlich allgemein diejenigen des Gesichtes und Gehörs. Jedenfalls sind sie die bestimmtesten, klarsten, indem diese hohen Sinne sehr vollkommene und von sinnlichen Gefühlen relativ freie Wahrnehmungen vermitteln; was bei den Reproductionen von Tasteindrücken weniger der Fall ist, am wenigsten aber bei der Einbildung von Gerüchen und Geschmack.

Die am häufigsten vorkommenden Sinnestäuschungen sind die Illusionen und Hallucinationen.

Illusionen sind Phantasmen, welche zu einer Wahrnehmung hinzutreten. Ihr Vorkommen ist an die Existenz des peripheren Sinnesapparates gebunden, ihr Enstehungsweg ist ein centripetaler. Die Sinne stellen zwar dem Bewusstsein wirklich vorhandene Objecte vor, aber anders als sie wirklich beschaffen sind; oder wenigstens anders, als wir sie in normalem Zustande bei gehöriger Aufmerksamkeit aufzufassen im Stande sind. Die Illusion entsteht immer nur durch Erregung des peripheren Sinneswerkzeuges, der empfangene Eindruck unterliegt aber im Momente des Bewusstwerdens einer Verfälschung.

Der Begriff Illusion fasst in sich auch reine Urtheilsfälschungen über sinnliche Objecte; es gehören hieher die Fälle, dass Verrückte ebenso wie kleine Kinder glänzende Steinchen und Metallflitter für Edelsteine, Gold und Silber — geisteskranke Gelehrte allerhand aus Schutt hervorgezogenen Unrath für Antiquitäten halten. Nur in ganz concreten Fällen kann man entscheiden, ob reine Urtheilsfehler über an sich richtig Wahrgenommenes sind, oder ob eine wirklich fehlerhafte, phantastische Apperception von Aussendingen stattgefunden hat, ob eine wahre Sinnestäuschung gegeben ist.

Unter Hallucinationen versteht man Phantasmen, welchen keine äusseren Eindrücke entsprechen. Dr. Krafft-Ebing nennt die Hallucination: „Die centrifugale Erregung des Centralapparats eines Sinnesnerven durch einen adäquaten Vorstellungsreiz bis zu dem Grade, dass die nach aussen projicirte Erregung desselben die Stärke einer sinnlichen Anschauung gewinnt." Es kommt eine Sinnesempfindung vor, welche ohne Mitwirkung äusserer Objecte zu Stande kommt. Eine innere Erregung appercipirender Apparate bringt im Bewusstsein des betreffenden Individuums dasselbe, beziehungsweise etwas Analoges von dem hervor, was unter normalen Verhältnissen nur durch äussere Eindrücke erzeugt wird, nämlich eine Wahrnehmung. Die Hallucinationen Geisteskranker verrathen ihren centralen Ursprung schon dadurch, dass ihr Inhalt in der Regel den sonstigen Vorstellungen entspricht, zu diesen passt oder sie wohl gar wiedergibt.

So einfach die Unterscheidungs-Merkmale zwischen Illusion und Hallucination scheinen, so schwierig, ja oft unmöglich ist es dennoch, das verschiedene, sie charakterisirende Verhältnis nachzuweisen. — Die Trennung beider Zustände lässt sich nicht immer praktisch durchführen und kann nur zu einiger oberflächlicher Verständigung dienen. Schon die normalen Vorgänge des Traumes belehren uns darüber, wie innig die Erscheinungen der Illusion und Hallucination verbunden sind, wie gerade die während des Schlafes undeutlich percipirten Sinneseindrücke zu Illusionen werden, aus denen sich dann die vielgestaltigen Hallucinationen allmälig herausbilden.

Die am häufigsten vorkommenden sind die Gesichts- und Gehörs-Hallucinationen. Eigentlich Gesichts-Hallucinationen sind diejenigen Trugwahrnehmungen, welche gleich vollkommene Bilder, wie sie äusseren Gegenständen entsprechen, vorführen: einzelne Gestalten von Menschen und Thieren, Geräthe, Gegenden, welche in einer bestimmten Distanz vom Individuum entweder ruhig an demselben Orte verharren oder sich bewegen und den Platz wechseln. Ein junger Bauernbursche, der dem Trunke sehr ergeben war, machte einen Selbstmordversuch durch Erhängen; noch rechtzeitig gerettet, erzählte er, er habe ein kleines, schwarzes Männchen vor sich herumhüpfen gesehen, das ihm durch Nicken des Kopfes und Klatschen mit den Händen Beifall zeigte. (Gesichts- und Gehörs-Hallucinationen.)

Bei Gehörs-Hallucinationen handelt es sich um die Apperception wohl geordneter articulirter Lautbilder, die in nächster Beziehung zu den Vorstellungen des Kranken stehen.

Der Kranke hört bekannte oder auch neugebildete Worte, Sätze
in der eigenen oder in fremden Sprachen, er kann die Stimme.
die solches spricht als männlich, weiblich, kindlich oder über-
menschlich definiren, er hört wohl auch mehrere wohl unter-
schiedene Stimmen, er antwortet seinen Hallucinationen, lauscht
um besser vernehmen zu können, geht auf den vermeintlichen
Ort des Ursprungs zu oder richtet das Ohr dahin. Enthalten
die Hallucinationen unangenehme Vorstellungen, so hüllt
er seinen Kopf ein, rennt herum, um den Gesprächen auszu-
weichen, oder er will den Fussboden und die Wände aufreissen,
nachdem er sich von der Abwesenheit von Menschen in den
nächsten Räumen überzeugt hat. Andere hören Musik, bestimmte
Gesänge, die sie noch einige Zeit wiedergeben können, und
sind auf's Höchste entzückt.

Weil aber die Sinnestäuschungen nicht selten eine örtliche Grundlage in einer Affection des Sinnesorganes
haben, unterlasse der Arzt nie, Geisteskranke, die an Sinnestäuschungen leiden, genau zu untersuchen, es kann ja die
Beseitigung der örtlichen Affection genügen, um, wenn nicht
der Geistesstörung, doch der Sinnestäuschung Einhalt zu thun.

Die Geisteskranken glauben an die Wahrheit ihrer Sinnestäuschungen. Es kann wohl nicht anders sein, beruhen ja
unsere Vorstellungen, Urtheile, Schlüsse und unsere uner-
schütterlichsten Ueberzeugungen auf den Wahrnehmungen, die
uns durch unsere Sinne zu Theil werden. Wie soll der Irre,
dessen Urtheil durch abnorme Vorstellungen beeinträchtigt,
dessen Aufmerksamkeit und Besonnenheit geschwächt ist, dem
somit die Berichtigung seiner Sinnestäuschung unmöglich gemacht wird, wie soll er dem Producte seiner eigenen Sinne
nicht vollen, unbedingten Glauben schenken, wie soll er sich
von Argumenten überzeugen lassen, mit denen man seinen
Sinnesdelirien entgegentreten will? Der Hallucinirende ist von
der Realität seiner Eindrücke vollkommen überzeugt, es ist
ihm nicht etwa so, als ob er sehe oder höre, er sieht und
hört wirklich; vielleicht ist der Eindruck flüchtig und undeutlich, aber er bleibt für ihn doch Eindruck, er wird von der
Erinnerung als solcher aufbewahrt, haftet so fest, dass er

nicht durch die strengsten Argumente wegdisputirt werden
kann. ‚Wenn meine Wahrnehmungen irrige sein sollen,‘ sagte
ein Kranker zum Arzte, ‚so muss ich auch an allem zweifeln.
was Sie mir sagen, ich muss zweifeln, dass ich Sie sehe.‘
Selbst nach der Heilung vermögen die Betreffenden noch ganz
bestimmte Angaben über die Beschaffenheit der Hallucinationen
zu machen. Ein Reconvalescent sagte zu Esquirol: ‚Ich sah,
ich hörte so genau, wie ich Sie sehe und höre‘. Geht hieraus
schon hervor, dass die Phantasmen von blossen Phantasievorstellungen sich an Schärfe strenge unterscheiden, so bestätigt
dieses weiter der Umstand, dass die Kranken übereinstimmende
und differirende Bestandtheile mehrerer zu verschiedenen Zeiten
stattgefundener hallucinatorischer Eindrücke wohl unterscheiden.

Indem die Sinnestäuschungen für die Irren eine so über-
zeugende Kraft haben, und die Kranken durch gar keine Vorstellung von ihrem Wahne abzubringen sind, ja mit einer
Hartnäckigkeit die Wahrheit und Wirklichkeit ihrer Angaben
behaupten, liegt in diesen Phantasmen eine grosse Bedeutung
und in vielen Fällen eine sehr grosse Gefährlichkeit. Die Hallucinationen erzeugen ja oft die sonderbarsten, mitunter schrecklichen Wahnvorstellungen, sie treiben den Kranken mit unwider-
stehlicher Macht zu ‘den grässlichsten Handlungen, zu den
furchtbarsten Gewaltthaten.

Eines Tages kam ein ganz verstört aussehender, physisch
und moralisch herabgekommener Mann, eine wahre Schreckens-
gestalt, zu mir. Aus seinen Gesichtszügen und stierem Blick
erkannte ich sogleich, wen ich vor mir habe. Ich blieb ruhig
aber war gefasst. Ich stellte an ihn die Frage, was er wünsche;
er antwortete: Ich — ich, nun hören Sie mich an. Der Kranke
zählte nun eine lange Reihe der entsetzlichsten Verbrechen
auf, die er (nach seiner Angabe) begangen hat — er fügte
dann hinzu: Verwundern sie sich nicht, ich kann ja nicht
anders, denn mein Bruder treibt mich zu allem Bösen an. zu
rauben, zu morden — ich höre seine Stimme, die durch die
ganze Welt dringt, jeden Tag zu wiederholten Malen. Und
wissen Sie, wer mein Bruder ist? Bei diesen Worten sah er
sich ängstlich um, rückte mir näher und flüsterte die Worte

mir zu: Mein Bruder ist — er sah sich noch einmal um und sagte, mein Bruder ist der Teufel!

Bei dieser Darstellung der einzelnen Formen der Phantasmen habe ich mich an die von Esquirol herrührende Unterscheidung von Illusionen und Hallucinationen angeschlossen, weil sie zur ersten Verständigung auf diesem Gebiete praktisch ist, und in diesem Sinne beinahe allgemein angenommen wird.

Und weil die Sinnestäuschungen des Gehör- und Gesichtssinnes die zahlreichsten und häufig vorkommenden sind, haben wir diese einer genaueren Erörterung unterzogen, denn weniger häufig sind die des Geschmacks-, Geruchs- und des Tastsinnes: den letzteren liegen nicht selten Anästhesien zu Grunde. Anästhesie ist ‚die Unempfindlichkeit des von einem oder mehreren sensibeln Nerven versorgten Districtes in Folge peripherischer oder centraler Unterbrechung der Nervenleitung.‘

Ausser den bisher besprochenen Symptomen kommen bei Geisteskranken auch motorische Störungen besonders häufig vor. Von diesen wird in den besonderen Erscheinungsformen eingehender gesprochen werden. Hier sei nur bemerkt, dass von den geringeren Veränderungen des Muskeltonus, von der überstürzenden Raschheit oder hemmenden Starrheit in den Bewegungen, bis zu den heftigsten Convulsionen, den mehr oder weniger ausgebreiteten Contracturen oder Lähmungen, alle motorischen Störungen, die bei Erkrankungen der Nervencentren vorkommen können, bei den Geistesgestörten beobachtet werden, und dass sie in innigem Zusammenhange mit der das Irrsein bedingenden Gehirnerkrankung stehen.

Sechster Vortrag.

Aus der allgemeinen Symptomatologie haben wir die Entwicklungsweise der Psychopathien kennen gelernt. Diese generelle Darstellung der Erscheinungsformen der zahlreichen und mannigfaltigen krankhaften Zustände soll als Basis dienen für eine specielle Schematisirung und Classification der Geistesstörungen.

Dieser Vorgang ist besonders wünschenswerth und vortheilhaft in einer Psychiatrie, die den Seelsorgern auf diesem wichtigen Gebiete genügende Kenntnis vermittelt, um die Art des krankhaften Zustandes richtig beurtheilen und den Kranken entsprechend pastorell behandeln zu können.

Auf diesem ungemein complicirten Gebiete, wo so verschiedene Factoren vielfach ineinander greifen, ist es wohl sehr schwer, eine streng wissenschaftliche und adäquate Eintheilung dieser krankhaften Zustände bezüglich der Erscheinungsformen zu machen, daher auch im Laufe der Zeit vielfache Versuche gemacht worden sind, die Geistesstörungen zu classificiren. Je nachdem man sich entweder auf den philosophischen oder auf den medicinischen Standpunkt gestellt hat, und entweder die psychologischen oder die physiologisch-pathologischen Vorgänge und Erscheinungsformen vorzugsweise berücksichtigt hat, machte man die Eintheilung. Einige Psychiatriker nehmen als Eintheilungsgrund die Vermögen des Geistes an, und sprechen von Intelli-

genz- und Willensstörungen. Andere nehmen Rücksicht
auf die vorwallend ergriffenen Theile des Nervensystems
und machen die Eintheilung in Cerebral- und Ganglien-
systemsstörungen. Einige, ihre Zahl ist jedoch gering,
nehmen bei der Eintheilung Rücksicht auf die verschiedenen
Temperamente. Die meisten Psychiatriker theilen die Seelenstörungen ein nach dem Phänomen des Irrsinns und
unterscheiden: Depressions- und Exaltationszustände.

Obwohl diese verschiedenen Gesichtspunkte, unter welchen
die Erscheinungen aufgefasst und ihnen entsprechend schematisirt werden, vom wissenschaftlichen Standpunkte ihre Berechtigung haben, dürfte doch die zuletzt genannte Eintheilung
von grösserem praktischen Nutzen sein und dürfte sich mehr
empfehlen für Laien in dieser Wissenschaft, die ihre Aufmerksamkeit mehr der Form der Erscheinungen zuwenden.

Allerdings, wenn wir die Entstehungsweise und den Entwicklungsgang der Psychosen genau beobachten, finden wir
unleugbar das Ineinandergreifen der Zustände und den Uebergang von einer Form zur anderen. Auf diese Weise stellen sich
die verschiedenen Formen der psychischen Krankheiten gleichsam
von selbst als Symptome eines in der Regel langsam verlau-
fenden Krankheitsprocesses dar, der theils in seinen ersten
Stadien wieder rückgängig werden, theils auf seinen verschiedenen Entwicklungsstufen längere Zeit hindurch stationär
bleiben und endlich alle Phasen bis zum gänzlichen psychischen
und physischen Verfalle durchlaufen kann.

Nichtsdestoweniger lassen sich doch innerhalb der
genannten zwei Hauptgruppen der Depressions- und Exaltationszustände mehrere specielle krankhafte Zustände mit
ganz bestimmten Erscheinungsformen verzeichnen, und zwar
umfasst der Depressionszustand die Hypochondrie und
Melancholie, zu den Exaltationszuständen gehören die
Manie im Allgemeinen, dann die Tobsucht und der
Wahnsinn im Besonderen.

Wenn diese Krankheitsformen einen ungünstigen Verlauf
nehmen und unheilbar werden, so entsteht der sogenannte

Schwächezustand. der die Verrücktheit und den Blödsinn in sich schliesst.

Während bei den übrigen Krankheitsformen Hoffnung für Genesung vorhanden ist, ist dies im Allgemeinen beim Eintritte der psychischen Schwächezustände nicht mehr der Fall; es müssen ohne Zweifel schon derartige pathologische Veränderungen in der Textur der Gehirnpartien, welche den psychischen Functionen dienen, vorgegangen sein, dass eine Rückbildung in der Regel nicht mehr möglich ist. Indem nun die Behandlung der Kranken dieses Stadiums ausschliesslich in die Sphäre der ärztlichen Thätigkeit gehört, so befassen wir uns in der Pastoral-Psychiatrie nur mit den Erscheinungsformen der krankhaften Zustände der ersten zwei Gruppen.

Es ist bereits in einem Vortrage nachgewiesen worden. was durch das übereinstimmende Urtheil aller beobachtenden Irrenärzte ausser Zweifel gestellt ist, dass die grösste Mehrzahl aller psychischen Erkrankungen mit Gefühlen von Traurigkeit, Beklemmung und Angst beginnt. Auf diese vielfachen Beobachtungen hin hat man auch diesen Zustand, der dem Ausbruche des Irrseins vorausgeht, der allerdings oft nur kurze Zeit andauert, als melancholisches Stadium bezeichnet. Da die Depressionszustände graduell verschieden sind, so hat man grundsätzlich, was auch einer wissenschaftlichen Behandlung besser entspricht, mit der einfachen und mildesten Form zu beginnen und diese ist die Hypochondrie. Der Hypochonder hegt den Gedanken und ist von demselben ganz durchdrungen, dass er mit einem schweren Leiden behaftet sei; entweder ist dies ein allgemeines Kranksein, eine totale Zerrüttung oder eine örtliche Affection, entweder immer dieselbe oder heute diese, ein anderes Mal jene, auch können es ihrer mehrere sein. Alle seine Gedanken, Empfindungen und Gefühle beziehen sich sämmtlich auf seine Gesundheit, deren Zustand seine ganze Aufmerksamkeit in Anspruch nimmt, wobei krankhafte Empfindungen im Organismus entweder durch lebhafte Vorstellungen erzeugt oder vom Organismus wirklich zugeleitete

Empfindungen unrichtig aufgefasst werden. Diese continuirlichen und quälenden Vorstellungen und Gedanken sind keineswegs blos Producte der Einbildung, es ist ein wirkliches Leiden vorhanden. Davon kann man sich vollkommen überzeugen, wenn man auf die somatischen Zustände Rücksicht nimmt, wenn man die Erscheinungen, zufolge der gestörten Functionen im physischen Leben, in Verbindung bringt mit den schmerzlichen Aeusserungen der Kranken.

Allerdings kommen derartige krankhafte Zustände, die eine Depression des Gemüthes verursachen, bei sehr vielen Menschen vor, ohne dass eine geistige Störung eintritt. Nur wenn diese Zustände lange Zeit anhalten und intensiver Art sind, wobei häufig Desorganisirungen eintreten und in der Regel auch andere Factoren mitthätig sind, entstehen Störungen im psychischen Leben.

Es dürfte für die Seelsorger von grossem Nutzen sein, die somatischen Erscheinungen kennen zu lernen, die bei hypochondrischen Zuständen in der Regel vorkommen. Diese sind: Druck und Völle des Magens, verbunden mit Anomalien der Gasentwicklung und Säurebildung; zufolge der schlechten Verdauung stellt sich Mangel an Appetit ein, und die hartnäckigsten Obstructionen steigern die psychische Verstimmung. Die vermehrte Gasentwicklung, die abnorme Säurebildung und die Anhäufung unverdauter Speisen erschweren die Respiration, indem das hinaufgeschobene Zwerchfell den Raum des Brustkorbes beengt, es stellt sich daher auch ein heftiges Herzklopfen ein. Die Folge davon sind bedenkliche Congestivzustände, der Kopf wird eingenommen und die Muskelbewegungen werden zitternd.

Es ist nun leicht erklärbar, dass die Stimmung dieser Kranken in ihrem Seelenleben eine bedeutende Aenderung hervorbringt: sie werden empfindlich, verdriesslich, niedergeschlagen, eine unerquickliche Laune befällt sie, eine schreckliche Angst bemächtigt sich ihrer, es treten schmerzhafte Empfindungen auf in den verschiedensten Theilen des sensitiven Nervensystems, ja sie fühlen sich von schwerer Krankheit befallen, die sich bald an dieser, bald an jener Stelle äussert.

Daher kommt es auch, dass der Hypochonder fortwährend an seinen traurigen Zustand denkt, immer neue Erscheinungen entdeckt; er spricht gewöhnlich von seinen Leiden, gibt umständliche Erklärungen über dieselben, und wenn er hört, dass auch Andere von einem gleichen oder ähnlichen Uebel behaftet sind, erkundigt er sich genau, frägt um Rath und sucht überall Hilfe. Dadurch unterscheidet sich vortheilhaft der Hypochonder von dem Melancholiker, der jede Hilfe von sich weist in der Meinung, ihm könne nichts helfen. Indem der Hypochonder, besonders in den ersten Stadien, von der Hoffnung erfüllt ist, dass sein krankhafter Zustand durch den Gebrauch geeigneter Mittel gehoben werde, behält er noch immer ein gewisses Mass moralischer Kraft und Selbstbeherrschung; er geht daher seinem Geschäfte nach und verrichtet seine Berufsarbeiten mit der grössten Genauigkeit. Nur in den höchsten Graden der Hypochondrie zeigt sich eine wirkliche Abnahme der Intelligenz, da ist aber gewöhnlich auch eine enorme physische Abspannung vorausgegangen, die zu jeder geistigen Thätigkeit unfähig macht. Diese Zustände gehen dann nicht selten in Melancholie und melancholische Verrücktheit über.

Aus den zuvor angeführten Symptomen, die man an Hypochondern beobachten kann, ist wohl ersichtlich, dass diese Zustände ihre Wurzeln in körperlichen Leiden haben. Denn die so häufig vorkommenden hartnäckigen Magen- und Nierenleiden, Leberaffectionen, wie überhaupt alle chronischen Leiden, besonders die schmerzhaften und unheilbaren, die leicht eine anhaltend gedrückte und traurige Gefühlsstimmung erzeugen, sind, wenn auch nicht directe, so doch indirecte Ursachen der Hypochondrie. Dass sie nicht directe Ursachen sind, ist daraus ersichtlich, dass nicht selten die intensivsten Unterleibskrankheiten und Metamorphosen ohne hypochondrische Erscheinungen vorkommen; dass sie aber indirecte Ursachen sein können, lässt sich so erklären, dass derartige chronische Leiden die Ernährung im Allgemeinen vermindern, die Blutbereitung auf ein Minimum reduciren und somit auch Störungen in den Functionen des Gehirns eintreten. In mehr directer Weise, wie die Erfahrung vielfach lehrt, ver-

ursachen Hypochondrie das Lesen medicinischer Schriften, der
häufige Umgang mit Hypochondern, Furcht und Angst zur Zeit
herrschender Epidemien (namentlich bei Personen apprehensiver
Natur). Eine grosse Gefahr, der Hypochondrie zu verfallen,
droht oft solchen Personen, die, an ein reges, an Abwechslung
reiches Leben gewöhnt, sich in Ruhe und Einsamkeit zurück-
ziehen und keine ihren Geist gebührend in Anspruch nehmende
Beschäftigung zu wählen wissen.

Auch Geschäftsleute, die ein stets einförmiges, wenn
auch mit körperlicher Anstrengung verbundenes Gewerbe treiben,
verfallen leicht der Hypochondrie, wie Fabriksarbeiter, Schuster,
Weber u. s. w. Am meisten aber disponirt dazu die Lange-
weile und die sitzende Lebensweise, zu denen sich nicht
selten unsittliche Ausschreitungen gesellen.

Nachdem wir die mildeste Form der depressiven Zustände,
die Hypochondrie, kennen gelernt, ferner die wichtigsten
Erscheinungsformen und die speciellen Ursachen ihrer Entstehung aufgefunden haben, muss in einer wissenschaftlichen
Behandlung der Psychiatrie das schwierigere und complicirte
Stadium der Depressionszustände dargestellt werden. Wenn
ich hier den Ausdruck ,Stadium' gebrauche, soll damit nicht
gesagt sein, als ob die eben zur Darstellung kommende Krank-
heitsform nur eine weitere Entwicklungsstufe der Hypochondrie
wäre; es soll damit der höhere und gefährliche Grad der
Depressionszustände überhaupt bezeichnet werden.

Sehr complicirt sind die Verhältnisse in der Form
depressiven Irrseins, die als Melancholie bezeichnet wird, und
man versteht darunter einen Complex von abgeänderten
psychischen Lebenserscheinungen, in welchen der Seelenschmerz,
die unmotivirte, traurige oder gedrückte Stimmung Haupt-
symptome sind. Die Melancholie besteht in einem psychischen
schmerzhaften Zustand, wo das Selbstgefühl so herabgestimmt
ist, dass jede gesunde Thätigkeit und Kraftäusserung fast
gelähmt erscheint. Der Grundcharakter der Melancholie ist
eben Passivität. Schon der einfach verstimmte Mensch wird
durch jeden psychischen Eindruck von Aussen her unangenehm
afficirt; kein Zureden, keine Zerstreuung vermögen ihn zu

erheitern; er sehnt sich nach Ruhe, die ihm Noth thut, und in der er sich behaglich fühlt. Der Melancholiker ist wehmüthig gestimmt, auch das Angenehmste kann ihn nicht erfreuen, seine gewohnten Neigungen und Beschäftigungen, die ihm sonst Freude machten, werden ihm eine Quelle von Missbehagen und Abscheu, ja seine liebsten Freunde und Angehörige, an denen er mit ganzer Seele hieng, werden ihm verhasst und er weicht ihnen aus, bricht jeden Verkehr ab und zieht sich ganz zurück. In dieser Absonderung und Verschlossenheit brütet er über seinen Zustand.

Bei allen Melancholischen leidet im Anfange und auf der Höhe der Krankheit der Schlaf. Er fehlt gänzlich oder ist durch schreckhafte Träume und häufiges Aufschrecken gestört. — Häufig ist Kopfschmerz, namentlich bei Anämischen: oft belästigen den Kranken eigenthümliche Sensationen von Leersein, Druck im Kopf. — Die Kranken fühlen sich matt, abgeschlagen, unbehaglich und diese Herabsetzung der vitalen Energie findet ihren classischen Ausdruck in der zusammengesunkenen Haltung, der geringen Ausdauer der Muskelaction, der zögernden Bewegungen, der leisen Rede, der Schlaffheit und Schwäche der Muskulatur. — Die Ernährung liegt tief darnieder auch ohne dass Nahrungsverweigerung bestände, daher fortschreitende Körpergewichtsabnahme und Anämie.

Die schmerzliche Stimmung der Melancholiker ist meist im Anfange eine vage, objectlose, von keiner echten Wahnvorstellung begleitete. Allmälig glaubt der Kranke eine Erklärung für den Grund seines Zustandes zu finden; es tauchen irrige, aber der Stimmung entsprechende Ideen, Urtheile, mit einem Worte Wahnvorstellungen auf. Der Inhalt dieser Wahnvorstellungen steht in einem engen Verhältnisse zu seinen Erlebnissen, wird vielfach modificirt durch specielle Ereignisse und hängt grossentheils ab von dem Bildungsgrade. Eine sehr reiche Quelle der Wahnvorstellungen besteht in den Sinnesdelirien, die ihrem Inhalte nach ganz und gar der schmerzlichen Verstimmung entsprechen. Hallucinationen des Geschmackssinnes liegen häufig dem Wahne, vergiftet zu werden, zu Grunde; ebenso kommen häufig Geruchshallucinationen

vor, die nicht selten Wahnvorstellungen erzeugen, von Leichen
umgeben zu sein oder bei lebendigem Leibe zu verwesen.
Sinogowitz führt einen Fall von Geruchshallucinationen an: Ein Melancholiker hatte den Wahn, innerlich zu
faulen, weil er einen Geruch von Pferdeurin fortwährend ver-
spürte, es bestand Anosmie (Defect des Geruchsinnes), ein Defect, der dem Kranken wohlbekannt war. In mehreren anderen
Fällen war wenigstens die objective Geruchsvernehmung unvoll-
kommen, indessen äusserlich nicht begründete Gerüche theils
dauernd, theils vorübergehend percipirt werden.

Wie leicht aus anfangs einfachen oder unbestimmten
Empfindungen sich nach und nach, bald schneller, bald langsamer
bestimmte Trugwahrnehmungen entwickeln können, kann man
häufig erfahren.

Leubuscher beobachtete einen Religiös-Melancholischen,
welcher öfter in Aufregungsparoxismen mit hochgradiger Angst
verfiel, Hallucinationen und Illusionen des Gesichtes hatte, die
seinen Vorstellungen von Hölle und Teufel entsprachen: in
einem solchen Anfalle behauptete der Kranke, er sei selbst
der Teufel: jetzt roch die Luft nach Schwefel, welche ihm
früher nur dick und schwer und voll von unreinen, schädlichen Dünsten zu sein schien. Später gestand er, dass er
damals fest überzeugt gewesen sei, der Hölle schon anheimgefallen zu sein.

Leuret erzählt von einer Frau, welche alle gebotenen
Gerüche präcis wahrnahm und unterschied; dabei hatte sie
Trugwahrnehmungen von Leichengestank, welche mit gewissen
Gehörshallucinationen von Geschrei und Wehklagen correspon-
dirten. Sie wähnte, dass im Keller der Salpetrière täglich viele
Männer und Frauen umgebracht und dann als Leichen daselbst
verscharrt werden.

Ganz dasselbe, wie für die Geruchshallucinationen gilt
auch für diejenigen des Geschmackes. Wir vermögen sie
symptomatisch nicht von den subjectiven Empfindungen des
Sinnes zu unterscheiden. Objectiven, aber schwierig von den
letzteren zu trennenden Empfindungen, leistet Vorschub die
anatomische Beschaffenheit des peripherischen, stets feuchten

und mit chemischen Substanzen in fortwährende Berührung kommenden Organes, und der Möglichkeiten, dass die Geschmacksnerven in ihrem Verlaufe gereizt werden, sind sehr viele. Die bitteren, salzigen, metallischen, fauligen, sauren, süssen, pappigen Geschmacksempfindungen, welche bei gewissen Krankheiten auftreten, sind wohl ausnahmslos auf Reize der peripherischen Endigungen oder der Stämme der geschmacksvermittelnden Nerven zurückzuführen. Wenn für wirkliche Geschmackshallucinationen Beispiele von Geisteskranken angeführt werden, welche köstliche Mahlzeiten oder auch ekelhafte Dinge zu verzehren wähnten und dabei Lob und Tadel über die einzelnen wechselnden Empfindungen in Mienen und Worten ausdrücken, so handelt es sich offenbar nicht um spontane Geschmacksempfindungen allein, sondern es sind jedenfalls auch Tastempfindungen mit im Spiele. Der Kranke muss, um zu diesem Wahne zu kommen, doch auch Empfindungen in der Mundhöhle haben, welche die mechanischen Wirkungen des geschmeckten Bissen vortäuschen. Inwieweit hiebei aber subjective Empfindungen phantastisch metamorphosirt werden, was blosse lüsterne Einbildung ist, ist kaum zu bestimmen. Ein Beispiel zum Belege dafür, dass Geschmackshallucinationen, Trugwahrnehmungen complicirten Geschmackes stattfanden, führt Barkhausen an. Er erzählt, dass ein Potator, der vielfache specifische Hallucinationen hatte, eines Tages mit dem Löffel in der Hand sich vor einen Tisch setzte, auf welchem ein Buch aufgeschlagen lag. Er hielt dasselbe für eine Schüssel mit Speisen, löffelte eine ganze Zeit lang unaufhörlich aus derselben und wiederholte dabei mehrmals, dass der Fisch sehr schlecht schmecke.

Diese Vorgänge in den Sinnes- und Empfindungsapparaten, die man in den verschiedenen Formen der Geistesstörungen findet, bieten ein düsteres Bild bei den Melancholikern. Auch die Bewegungsapparate sind bei diesen Kranken häufig verstimmt. Die Leistungsfähigkeit der Muskulatur ist gesunken und gehemmt; diese Muskelschwäche trägt das Meiste bei zum verminderten Selbstgefühle, zu ihrer Trägheit, Zaghaftigkeit und Unentschlossenheit, in der Muskelschwäche ist zum Theile die Widerspenstigkeit dieser Kranken begründet, die kein Bitten, kein Zusprechen, keine Drohung zu irgend einer oft noch unbedeutenden That bewegen kann. Zufolge dieses Nachlasses der Muskelkraft sitzen oder stehen sie oft Tage lang in einer Ecke. Trägheit der Vorstellungsprocesse im Allgemeinen, dafür aber zähes Haften von peinlichen, widerlichen Erinnerungen, analoger Phantasie- und Zwangsvorstellungen sind somit wichtige Elementarerscheinungen der Melancholie, die ganz gewöhnlich Schwäche des Strebens und Wollens herbeiführt. Wo diese Symptome allein vorhanden sind, spricht man von Melancholia simplex, trauriger Verstimmung, Melancholia sine delirio. Gesellen sich zu den genannten Erscheinungen häufiger auftretende Angstanfälle hinzu, oder besteht neben ihnen ein dauernder Zustand von Aengstlichkeit und innerer Angst, so erhält der ganze Symptomencomplex einen mehr oder weniger specifischen Charakter, daher man dann eine Melancholie mit Angst (oder Präcordialangst) von der einfachen Schwermuth unterscheidet. Weiterhin können die Symptome der Schwermuth complicirt sein mit Phantasmen und mit Wahnvorstellungen, welche regelmässig in associativer Beziehung zu der charakteristischen Stimmungsanomalie stehen: Melancholia cum delirio.

Das Charakteristikon ist die Angst; sie fehlt bei keinem Melancholiker und kann sich bis zum völligen Schwinden des Selbstbewusstseins steigern. Sie kann ununterbrochen in verschiedenen Graden fortdauern, oder sie tritt anfallsweise auf. Ein solcher Anfall kann Stunden, Tage oder Wochen lang dauern, er kann in mässigem Grade auftreten, er kann sich aber auch steigern bis zur gänzlichen Ueberwältigung des Kranken. Die Angst in ihrem höchsten Grade nimmt dem Kranken alle Gewalt sich zu beherrschen, sie zwingt ihn, sich ihrer um jeden Preis durch was immer für eine Gewaltthat zu entledigen. Dieses Stadium der hochgradigen Angst bezeichnet man als raptus melancholicus. Die meisten Morde und Selbstmorde, welche von Melancholischen verübt werden, geschehen während solcher Angstanfälle. Es ist auffallend, mit welcher Schlauheit und Hinterlist diese Kranken ihre Gewaltthaten ausüben!

Haben die Wahnvorstellungen bei allmälig zurücktretender Heftigkeit des andauernd schmerzlichen Affectes sich entwickelt und die Oberherrschaft gewonnen, so können begreiflicherweise so viele Wahnvorstellungen auftreten. als es diesen Affecten entsprechende Vorstellungen überhaupt gibt. Demnach sind auch die Formen der Melancholie verschieden nach der Verschiedenheit des Inhaltes der Wahnvorstellungen.

Für den Seelsorger dürfte von grösster Wichtigkeit sein, nachstehende und öfter vorkommende Formen näher kennen zu lernen. weil er durch diese Kenntnis praktische. pastorelle Grundsätze abstrahiren und sich aneignen kann. Die am häufigsten vorkommende Geistesstörung dieser Art ist die: Melancholia religiosa. Der Inhalt der Wahnvorstellungen, die aus der schmerzlichen Verstimmung entstehen, ist religiöser Beschaffenheit. Die schrecklichen Vorstellungen von ewiger Verdammnis quälen unaufhörlich den Kranken. er hält sich für den grössten Sünder der Welt. für den verworfensten Menschen, der dem Strafgerichte verfallen ist, u. s. w. Diese Wahnvorstellungen lassen das tief gesunkene oder gänzlich verstimmte Selbstgefühl des Kranken erkennen.

In Bezug auf das Vorstellen bringt die Angst wesentliche Anomalien mit sich, die in Phantasmen, Verwirrung und Ideenflucht bei geringerer Intensität der Gefühlserregung, bei der höchsten Angst aber in Stupor, ja in totaler Aufhebung des Selbstbewusstseins bestehen. Diese Störungen im Vorstellen haben die höchst wichtigen Anomalien des Wollens — überstürzte instinctive Handlungen. Gewaltacte. Selbstmord u. s. w. — welche die Angst mit sich bringt, im Gefolge. Denn es gesellen sich zu diesem Angstgefühle und den ihm entsprechenden Vorstellungen sehr oft die schrecklichsten Sinnesdelirien.

Es kommt nicht selten vor, dass diese Kranken die grässlichsten Selbstverstümmelungen und Selbstmorde ausführen. Ich habe bei meinen Ferialexcursionen einen derartigen Fall erlebt.

Es war im Jahre 1871, als ich mich einige Tage zu Lienz in Tirol aufhielt, da ereignete sich an einem Sonntagsnachmittage unweit von dem benannten Orte folgendes Unglück. Das Weib eines armen Taglöhners litt seit längerer Zeit an Melancholie. Ihre Schwermuth datirte seit der letzten Entbindung, sie hatte nämlich ein todtes Kind zur Welt gebracht, es war eine für die Mutter lebensgefährliche Geburt. Die Arme kränkelte fortwährend und war physisch ganz herabgekommen; zu diesem körperlichen Leiden gesellte sich nun auch ein depressiver Gemüthszustand. Sie machte sich nämlich die bittersten Vorwürfe, dass durch ihre Schuld das Kind das Leben verloren habe und ohne Taufe gestorben ist. Nichts konnte sie trösten, sie weinte und jammerte unaufhörlich. Der Zustand wurde immer schlimmer, es stellten sich zeitweise Sinnesdelirien ein, der „finstere Schatten" ihres todten Kindes, wie sie sagte, verfolgte sie überall.

Es war am Schutzengelsonntag, als die Kranke dem Gottesdienste in der Kirche beigewohnt hatte, da vernahm sie die Worte des Evangeliums: „Wenn dein Auge dich ärgert, so reisse es aus und wirf es von dir; denn es ist besser nur mit einem Auge in das Leben einzugehen, als dass du zwei Augen habest und in das höllische Feuer geworfen werdest." Diese mystischen Worte, literär aufgefasst und missverstanden, waren die Veranlassung zur folgenden Schreckensthat. Angelangt in der Behausung, begab sich die Kranke in eine entlegene Kammer und presste mit einer unglaublichen Gewalt das rechte Auge aus der Orbita, das herabhing, als man die Aermste im bewusstlosen Zustande aufgefunden hatte.

Religiöse Melancholie entsteht öfter zufolge einer ausschweifenden Lebensweise, namentlich nach mehrjährigen, sexuellen Ausschreitungen. In diesen Fällen ist fast ausnahmslos eine physische Disposition zur Psychose vorhanden, da der ganze Körper entnervt und vielleicht durch geheime Krankheiten in einen desolaten Zustand gerathen ist. Da erwacht nicht selten das schlummernde Gewissen und erhebt seine Stimme; da erkennt der Verirrte den Abgrund seiner Verworfenheit und seine Strafwürdigkeit. Wird nicht zur rechten

Zeit und in geeigneter Weise eingegriffen, was eben nur durch den Seelsorger geschehen kann. so verfällt der Unglückliche in die Nacht des Irrseins oder der Verzweiflung.

Wenn fast in allen psychiatrischen Schriften die auf Erfahrung beruhende Meinung ausgesprochen wird, ,dass zwischen der religiösen Melancholie und dem Sexualsystem ein besonderer Zusammenhang stattfindet.' so stimmt das mit dem eben Gesagten überein.

Wird aber dann zur Exemplification hingewiesen auf Personen des weiblichen Geschlechtes, und öfter auch auf Personen, welche die Kirche in Anbetracht ihrer ausserordentlichen Tugenden als Heilige verehrt, z. B. die heilige Getraud, Mechthildis. Brigitta, Katharina von Genua u. A., so muss bemerkt werden, dass es sich in diesen Fällen durchaus nicht um psychisch krankhafte Zustände handelt; es waren hochgebildete und sittenreine Personen, deren literarische Leistungen auf dem Gebiete der Mystik dafür Zeugnis geben. Diese eigenthümlichen Zustände lassen sich nicht durch frivole Anschauungen. sondern nur vom Standpunkte des erhöhten Gnadenlebens richtig beurtheilen.

Eine andere Art der Melancholie ist die Daemonomelancholie. Unter allen psychischen Störungen ist ohne Zweifel die schreckenerregendste diese, und unter allen Geistesgesörsten sind vielleicht diese die allergefährlichsten. Dieser Zustand offenbart sich durch das Gefühl des Beherrschtseins und durch die Wahnvorstellung des Besessenseins vom Teufel oder von bösen Mächten. Diese Wahnvorstellungen werden nicht selten durch Gefühlstäuschungen geweckt.

Die Erscheinungsformen der eigentlichen Besessenheit und der Dämonenmelancholie sind fast ganz dieselben, der Unterschied zwischen den beiden Zuständen besteht hauptsächlich darin, dass im ersten Falle wirkliche Besitznahme stattfindet, im zweiten Falle aber der Kranke sich einbildet, von dem bösen Geiste besessen zu sein. Die Erscheinungen bestehen in melancholischer Verstimmung, zu welcher Hallucinationen und Illusionen sich gesellen. Paroxismen beginnen mit Blässe des Gesichtes, stierem Blicke, klonischen oder tonischen Convulsionen. Die Sinnestäuschungen bestehen in Visionen und Stimmenhören; die Bilder, die sie sehen, sind alle der schauerlichsten Art, Fratzengesichter, Kobolde. Der Kranke sieht, wie diese schwarzen Gestalten aus seinem Munde herauskommen, vor ihm einige Zeit herumspringen und dann wieder durch seinen Mund zurückschlüpfen; der Kranke hört das Poltern, Murren und Brüllen der Teufeln in seinem Innern und er ahmt diese Laute nach, stöhnt und brüllt: der Kranke gibt sogar die Zahl der in seinem Körper vorhandenen Teufel an. Die Wahnvorstellungen werden nicht selten durch Gefühlstäuschungen hervorgerufen: der Sitz des Teufels wird angegehen, wo unangenehme und schmerzhafte Empfindungen und Gefühle ihren Sitz haben. Ein derartiger Kranker sagte zu mir: Hier — und zeigte mit dem Finger in die Magengegend — hier ist das höllische Feuer, in dem der Teufel sitzt und mich peinigt. Der Unglückliche hat ein sehr schweres Magenleiden, das bereits viele Jahre dauerte. Ich hatte einige Male Gelegenheit in der Irrenanstalt derartige Kranke zu sehen, ich gestehe, dass der Anblick dieser Unglücklichen geradezu ein schreckenerregender ist; sie müssen daher unter strengster Aufsicht gehalten, von den übrigen Kranken abgesondert und durch Anlegung der Zwangsjacke unschädlich gemacht werden, weil sie fürchterliches Unheil anrichten könnten.

Eine dritte Art der Melancholie ist die Melancholia metamorphosis. Was bei allen psychischen Störungen mehr oder weniger vorzukommen pflegt, dass bei anhaltenden Vorgängen des subjectiven Zustandes ganz eigenthümliche Veränderungen eintreten, dies zeigt sich besonders bei der Melancholie. Es tauchen Vorstellungen der verschiedenartigsten Verwandlungen bezüglich ihrer Persönlichkeit auf: Geschlechtsumwandlungen, des Abgestorbenseins oder der Veränderung einzelner Körpertheile u. s. w. Diese Wahnvorstellungen haben wohl meistens ihren Grund in abnormen Haut- und Muskelempfindungen. So kann das Nichtfühlen eines Gliedes die Wahnvorstellung hervorrufen, es sei abgestorben, von Holz, von Glas u. s. w. Die Folge davon ist, dass die Kranken sich jeder Bewegung enthalten, sitzen oder stehen, ohne sich zu regen, ohne einen Laut von sich zu geben oder einem Bedürfnisse nachzukommen; sie sind sehr unrein und müssen gefüttert werden. Ich war Augenzeuge, wie ein Arzt, der einer Kranken, die sich einbildete, Füsse von feinstem, zerbrechlichem Glase zu haben, den Beweis liefern wollte, dass sie gehen könne und ihre Füsse in Bewegung setzte: da fing sie an jämmerlich zu schreien und machte dem Arzte Vorwürfe, dass er ihre Füsse zerbrochen habe. Auch die Wahnvorstellung, in ein Thier verwandelt worden zu sein, ist schon manchmal vorgekommen, man nennt diesen Zustand Zoanthropie. Diese Kranken geberden sich dieser Vorstellung gemäss, ahmen die Laute der Thiere nach, befolgen vielfach die Lebensweise derselben, besonders in Betreff der Nahrung. Ein derartiger Fall wird in der heiligen Schrift im Buche Daniel, Cap. 4. erzählt. Der König Nabuchodonosor hatte die Wahnvorstellung, dass er in ein Thier verwandelt sei: er wandelte auf Vieren, frass Heu wie ein Ochs, versäumte alle Pflege des Körpers und gesellte sich zu den Thieren. Geschichte und Erfahrung lehren, dass dieser Zustand gewöhnlich dann einzutreten pflegt, wenn die Kranken bei depressiven Störungen verwahrlost werden.

Um schliesslich das Trauerbild der Depressionszustände zu vollenden und die Erklärungsgründe für die mannigfaltigen Erscheinungen zu vervollständigen, möge gestattet sein, zu den bisher geschilderten Symptomen der Melancholie noch anderweitige Störungen des körperlichen Befindens anzuknüpfen. Der Schlaf wird gewöhnlich schon beim ersten Beginne der Krankheit gestört, hartnäckige Schlaflosigkeit folgt nach; die Kranken klagen über vermehrte Wärme, Schmerz, Schwere und Eingenommenheit des Kopfes.

Der centrale Einfluss der motorischen Nervenfasern ist vermindert. Die eigenthümlichen Erscheinungen des willkürlichen Bewegungsapparates sind bereits bei den speciellen Formen angeführt worden. In den unwillkürlichen motorischen Organen bemerkt man eine verminderte Leistungsfähigkeit des Herzmuskels, dem zufolge wird die Respiration erschwert, daher die Angstgefühle der Kranken. Die Gefässe verlieren den normalen Tonus, die Venen dehnen sich aus, es kommt zu Kreislaufstörungen in den verschiedenen Organen. Das schon afficirte Gehirn wird unter solchen Umständen hyperämisirt, und während einerseits der Ablauf des Blutes langsam vor sich geht, ist anderseits das zugeführte Blut mangelhaft oxydirt, wodurch die Ernährung des Gehirns beeinträchtigt wird. Die Ernährung des ganzen Organismus wird allmälig herabgesetzt; selbst bei den Kranken, die reichliche Nahrung zu sich nehmen, liegt die Ernährung in Folge des trägen Stoffumsatzes darnieder. — Die Melancholie lässt sich daher als ein auf eine Ernährungsstörung beruhender krankhafter Zustand des psychischen Organes bezeichnen.

In Anbetracht der grossen Gefahr bei den Depressionszuständen, namentlich der Schwermuth, kann nicht genug hervorgehoben werden, durch ein rechtzeitiges und geeignetes Einschreiten einem grossen Unglücke vorzubeugen.

Siebenter Vortrag.

Die leisesten Anfänge der Seelenstörung zeigen und entwickeln sich in der verschiedenartigsten Weise, aber stets im Bereiche des Gefühlslebens oder der Erkenntnis. Der Kranke ist entweder sehr traurig gestimmt oder ausserordentlich heiter. Beide Erscheinungsformen bilden die Depressions- und Exaltationszustände.

Die traurige Verstimmung, die am häufigsten in der Hypochondrie und Melancholie zum Vorscheine tritt, haben wir bereits in der Genesis und Entwickelung kennen gelernt. Die traurige Verstimmung ist aber im Allgemeinen die Signatur der geistigen krankhaften Affection und bildet überhaupt das erste Stadium des Irrsinns. Es kommt aber auch nicht selten vor, dass dieses erste Stadium sich in einer ausserordentlichen heiteren Stimmung kundgibt. Die Psychiatriker bezeichnen diesen Zustand als Exaltations- oder maniakalischen Zustand.

Unter Manie versteht man einen Complex von Erscheinungen, bei welchen psychische Lust, gute Laune, Heiterkeit, Uebermuth die fundamentalen Anomalien sind. Es besteht zugleich eine starke Disposition zu expansiven Affecten ; obwohl die Beweglichkeit der Gefühle überhaupt krankhaft erhöht ist und Stimmungswechsel öfter vorkommt, verschwinden doch etwaige Erregungen psychischer Wehgefühle, so heftig sie auch waren, schnell wieder und es kehrt bald der entgegengesetzte Zustand zurück. In gewissem Sinne ist auch psychische Analgie vorhanden, indem manche Reize keinerlei Unlustgefühle anregen.

Allgemeine Förderung der Vorstellungsthätigkeit, erleichterte Apperception von Aussendingen, erleichterte Erinnerung, luxuriirende Phantasie, Steigerung des Combinationsvermögens, erhöhte Begehrlichkeit sind weitere charakteristische Elementarerscheinungen des Krankheitsbildes. Diesen Zustand von heiterer Aufregung, Unstetigkeit, von planlosem Thun und Treiben bezeichnet man als maniakalische Exaltation, als mania sine delirio.

Wenn mit lustiger, übermüthiger, allerdings sehr häufig in den Gegensatz umschlagender Stimmung Incohärenz der Vorstellungen (sogenannte Ideenflucht), Phantasmen, falsche Vorstellungen, die meist nur kurzen Bestand haben, ungeheure Beweglichkeit, überhaupt explosives Handeln, äusserste Unruhe sich verbinden, spricht man von Manie oder Tobsucht schlechthin. Wenn im weiteren Verlaufe gewisse Wahnvorstellungen sich fixiren, sich zu einem Complexe von irrigen Vorstellungen verbinden und somit die ganze Persönlichkeit des Individuums umwandeln, so haben wir den Hauptcharakter des Wahnsinns.

Da nun in dem Entwicklungsgange des Exaltationszustandes diese zwei wesentlichen Formen, Tobsucht und Wahnsinn, die grösste Beachtung verdienen, ist es sehr wünschenswert, dass den Seelsorgern aus dem pathologischen Gebiete dieser Zustände jene Mittheilungen gemacht werden, die sie befähigen, sich ein Urtheil zu bilden, um den Kranken vom pastorellen Standpunkte entsprechend zu behandeln.

Schon im ersten Stadium der heiteren Verstimmung, im Beginne der Tobsucht, wird die allgemeine Muskulatur erhöht, die Muskelbewegungen gehen energisch und leicht vor sich und können sich von der zwecklosen, hastigen und beständigen Geschäftigkeit bis zu den höchsten Ausbrüchen der Raserei steigern. Die Kranken betreiben alles mit Hast, sind ganz zufrieden in ihrer nutzlosen Thätigkeit, sie arbeiten ohne Ruhe, sie weigern sich zu schlafen, fühlen sich vollkommen gesund und ärgern sich, wenn man sagt, sie sind krank. Diese Kranken leiden keinen Widerspruch und wehe, wenn man sie in ihrer Thätigkeit stören wollte, dann brechen sie in starke Affecte aus. Dieses Stadium kann mehr oder weniger lang dauern und man bezeichnet es als mania sine delirio oder exaltatio maniaca.

Für die Kranken, welche sich in diesem Zustande befinden, gibt es keine unmotivirten Strebungen; in der Aufregung und Hast schweigen alle hemmenden, corrigirenden Vorstellungen, die Besonnenheit ist aufgehoben und mit ihr die Fähigkeit sich zu beherrschen, theils weil keine Motive aufkommen, die zur Ursache hemmender Willensimpulse werden könnten, theils weil dieselben zu schwach sind und gegen die zwangsmässigen Strebungen nichts ausrichten. Ganz vorzüglich hat H. Neumann diesen Zustand mit wenigen charakteristischen Strichen geschildert: „Kaum hat sich der Kranke irgendwo niedergelassen, so muss er schon wieder fort: er muss spazieren gehen, einen Freund besuchen, unnütze Einkäufe machen. Aber nirgends hält er sich auf: kaum erschienen, ist er schon wieder verschwunden u. s. w. Kranke, die mit diesem Zustande (Delirium der Handlungen) behaftet gewesen sind, erzählen mitunter später, dass sie mancherlei Geschehenes als unsinnig erachtet, aber doch den Ablauf der Handlungen nicht hätten hindern können: sie hätten also handeln müssen: andere wissen, rasch zur Besonnenheit gelangt, das, was sie thaten, geschickt zu bemänteln.

Die soeben geschilderte Störung treffen wir vor Allem bei Tobsüchtigen*), welche auch entsprechende Gefühls- und Vorstellungs-Anomalien aufweisen; es besteht bei ihnen starke Beweglichkeit der Gefühle und Stimmungswechsel, die Anschauungen bilden sich sehr leicht und rasch, die Reproduction

---

*) Toben ist ein blosses Symptom, Tobsucht ein bestimmter, in den Rahmen der Manie gehöriger Krankheitszustand, dessen wesentliche Merkmale sind : Beschleunigung der psychischen Vorgänge bis zur Ungehundenheit desselben, wobei das Ich des Kranken alle Directive verloren hat.

ist erleichtert, es ist Ideenflucht vorhanden. Die weitere Entwicklung der Tobsucht geschieht durch eine Potenzirung der angegebenen Erscheinungen, mit Hinzutreten von wahrer Gedankenjagd, Wahnvorstellungen und Sinnestäuschungen.

Die Leichtigkeit der Muskelactionen, die erhöhte Leistungsfähigkeit der Muskeln werden eine immer ergiebigere Quelle behaglicherer Empfindungen. Die Heiterkeit wird zur Ausgelassenheit, die dem gehobenen Selbstgefühle entspringende Zuversicht zur Selbstüberschätzung. Im Gegensatze zur Ideenträgheit der Melancholiker folgen die Vorstellungen immer hastiger aufeinander, werden in ihrem Zusammenhange immer lückenhafter, es kommt zur allgemeinen Verworrenheit, die in den höheren Graden der Tobsucht niemals fehlt. Diese Kranken sprechen viel und ununterbrochen, sie singen, lärmen, schreien, geben sich allerlei zwecklosen, heftigen Bewegungen hin, oder tanzen, springen, schlagen, um ihrer Stimmung einen Ausdruck zu geben. Es ist ein gewaltiger Trieb zum Muskelgebrauche, eine krankhafte Lust zum bewegen.

Wie schon der Gesunde in Erwartung, Angst, Verlegenheit allerhand kleine, unnütze Handlungen, Zupfen an den Kleidern, Wechsel des Ortes und der Stellung, Räuspern, Zerknittern von Papier u. s. w. instinctiv vornimmt, so sehen wir auch bei trauriger Verstimmung mit Angst häufige motorische Acte, welche bald klein und unbedeutend, bald aber auch sehr complicirt sind, die aber in einer exorbitanten Weise gesteigert werden im maniakalischen Zustande.

Wenn sich die Raschheit des Gedankenablaufes gemässigt hat, dann bilden sich Wahnvorstellungen aus, welche ihrem Inhalte nach immer als Grössenwahn, immer als Vorstellungen mit erhebendem Inhalte erscheinen, als Wahn des Gesundseins, des Reichthums, des geistigen, auch gesellschaftlichen Vorzuges vor Anderen. Der Wahn gesund zu sein, ist das Gegenstück zum hypochondrischen Delirium. Der Kranke hält sich nicht allein für völlig wohl, sondern sogar für gesünder, stärker, jugendlicher als je. Ihr ganzes Benehmen, ihr Thun und Treiben entspricht allseitig dieser Wahnidee. Der Wahn des Reichthums bildet die eine, derjenige bedeutender Kapacität und genialer Begabung, persönlicher Vorzüge und Verdienste, glänzender Stellung, hoher Abstammung u. s. w. die andere Phase des specifischen Grössenwahns. Der Kranke wähnt grosse Reichthümer entweder schon zu haben oder doch demnächst zu erhalten, er besitzt Häuser, Schlösser, grosse Ländereien, ja es kann vorkommen, dass er Alles für sein Eigenthum hält. Die Wahnvorstellungen werden hier gerade auf demselben Wege wie bei der Melancholie erzeugt, auch hier sucht der Kranke nach einer Erklärung seiner subjectiven Gemüthslage, und entgeht der Täuschung nicht, die ihm die Störung seines Apparates unterlegt. Ausserdem werden Sinnestäuschungen, denen Tobsüchtige vermöge der Flüchtigkeit ihrer Wahrnehmungen leicht preisgegeben sind, ebenfalls Wahnvorstellungen erzeugen und stützen. Uebrigens haben diese Sinnestäuschungen, eben in Folge der Hast, mit welcher die psychischen Processe ablaufen, lange nicht die Wichtigkeit wie bei den Melancholikern. Weil die Tobsüchtigen einem beständigen Wechsel der Gemüthsstimmungen unterworfen sind, können sie zornig, wild, bald darauf furchtsam, selbst traurig sein, weinen und schluchzen. Dieser Wechsel der Gefühle, den man als charakteristisch für die Tobsucht annimmt, beruht theils auf dem rapiden Ablaufe der Vorstellungen, theils auf dem zeitweiligen Nachlasse der Aufregung durch die Erschöpfung der Muskelkräfte, theils auf der Wirkung äusserer Einflüsse.

Darauf gründet sich auch die durch zahlreiche Erfahrungen erhärtete Thatsache, dass die Tobsucht continuirlich, remittirend, intermittirend, periodisch auftreten kann. Sie kann sich unter überaus stürmischen, aber auch unter sehr gelinden, kaum bemerkbaren Erscheinungen darbieten. Remissionen, dann wieder heftige Ausbrüche wechseln im Verlaufe der Tobsucht mit einander ab: doch kommen bisweilen auch unerwartete lucida intervalla vor, jedoch nur in dem Sinne, dass zeitweise keine auffälligen psychischen Krankheitssymptome zum Vorschein treten, während der krankhafte Zustand im Stillen fortbesteht.

Die Tobsucht, die in ihrem Verlaufe und Entwicklungsgange ein Ganzes bildet, zeigt verschiedene Stadien, die,
wenn sie auch nicht regelmässig eintreten, doch genau unterschieden werden können; ferner lassen sich verschiedenartige
Typen oder Formen unterscheiden und zwar mit Rücksichtnahme auf die besonders hervortretenden Triebe und Neigungen. Diese Specification gewährt in practischer Hinsicht den Nutzen, dass man diesen Zustand leichter und richtiger
beurtheilen und entsprechender behandeln kann.

Zu diesen Formen mit graduell verschiedenen Neigungen
und Trieben zählt man als die schwächsten diejenigen, wo die
Kranken bei mässiger Störung der Intelligenz, nach
eigenthümlichen Neigungen und bislang uns wenig erklärlichen
Vorstellungsgruppen gewisse Handlungen vollziehen, welche
man als triebartige zu bezeichnen pflegt und deren Moti-
virung noch nicht vollständig aufgeklärt ist. Dahin gehört die
manchmal vorkommende Kleptomanie oder Stehlsucht. —
Es werden derartige Handlungen vollzogen, dass man aus den
Umständen mit Bestimmtheit sagen kann, der Kranke habe
weder eine klare Vorstellung, noch die Erreichung eines Zweckes
intendirt — es sind rein triebartige Handlungen. Ich habe eine
sehr achtbare, bejahrte Dame gekannt, die als Fabriks- und
Hausbesitzerin in glänzenden Verhältnissen lebte. Sie litt seit
mehreren Jahren zufolge eines leichten apoplectischen Anfalles
an Intelligenzschwäche, sie war ungemein zerstreut, vergesslich
und sehr reizbar. So oft sie bei Verwandten oder Bekannten
zu Tische geladen war, steckte sie jedesmal ganz geheim einen
Löffel oder eine Serviette ein. Man liess sie gewähren, denn
gewöhnlich schon am folgenden Tage retournirte sie das Ge-
nommene.

Eine mehr ausgesprochene Form der Tobsucht manifestirt
sich in der Mania errabunda oder ambulatoria. Dieser
Art Kranke entwickeln eine zwecklose, unaufhaltsame Thätigkeit.
Es scheint als ob hierbei das häufig reproducirte Erinnerungs-
bild des motorischen Actes als Reiz auf die betreffenden Be-
wegungsorgane einwirke. Diese Zustände verrathen sich hauptsächlich in heftigen aber instinctiven Handlungen, welche

auf unvollständig appercipirte Gesichtseindrücke und namentlich auf Gehörsreize hin ausbrechen. Wenn schon bei der Tobsucht im Allgemeinen die Bewegungslust erhöht ist, der Thätigkeitstrieb ausserordentlich und krankhaft gesteigert erscheint, tritt sie nicht selten in einer besonderen Form auf als Mania destructiva. Der Kranke zerstört was ihm unterkommt, zertrümmert Gegenstände aller Art, verwundet und tödtet seine Umgebung, ohne zu wissen was er thut. Es geschieht auch, dass Tobsüchtige geringeren Grades auf eine geringfügige Veranlassung in plötzliche Wuth ausbrechen. — Ich war Augenzeuge einer derartigen Scene. Die Gattin eines Arbeiters, die an Hysterie litt und seit längerer Zeit in einer sehr gereizten Stimmung sich befand, wurde tobsüchtig. Eines Tages während des Mittagmahles sprach der Mann einen sehr gelinden Tadel bezüglich der Kost aus; das Weib gerieth hierüber in eine Wuth, sprang auf, rannte wie rasend in der Stube herum, schrie und schlug nach allen Seiten, rannte in die Küche und zertrümmerte alle Geschirre, fiel endlich ganz erschöpft zu Boden.

Eine andere specielle Form ist die gesteigerte Begierlichkeit nach Nahrung und Getränk, weiterhin Lüsternheit nach alkoholischen Getränken, Mania ebriosa. Während beim gesunden, erwachsenen Menschen erst Hunger- und Durstempfindung das Begehren nach Nahrung und Getränk erwecken und beide Reize bei dem Einen mehr, bei dem Anderen weniger anzuwachsen brauchen, um das Verlangen unbezwinglich zu machen, bedarf es bei psychisch Kranken oft gar nicht der specifischen Reize, sondern nur des Anblickes von Speisen und Getränken oder von Substanzen, die für geniessbar gehalten werden, um die Begierde zu erregen. Derartige Lüsternheit, besonders nach Getränken, kommt bei Tobsüchtigen als Theilerscheinung der allgemeinen Hyperthymie vor.*) Häufig ist mit dem Beginne centraler Affectionen eine

---

*) Besteht darin, dass jeder beliebige äussere Eindruck und jede reproducirte Vorstellung gleich mannigfaltige Strebungen anregt, die beim Gesunden nur schwach oder gar nicht auftreten.

gesteigerte Neigung zum Trinken zu constatiren; es stellt sich öfter bei bis dahin ganz nüchternen Personen ein unbezwingliches Verlangen ein, geistige Getränke zu trinken, welches im Verlaufe der Tobsucht vorkommt, oder den Ausbruch derselben anzeigt und als krankhafter Trieb auftritt. — Bei Gewohnheitssäufern wird die Begierde nach Alkohol in stets grösseren Dosen unbezähmbar. Als Dipsomanie — periodische Saufsucht — Polydipsia ebriosa u. s. w. bezeichnet man einen krankhaften paroxismenweise auftretenden Impuls zum Trinken alkoholischer Substanzen.

Da die Stärke des Geschlechtstriebes im Allgemeinen wesentlich verschieden ist, hält es schwer, die Grenze auch nur annähernd zu bestimmen, jenseits welcher die sexuelle Begehrlichkeit als krankhaft gesteigerte bezeichnet werden darf. — Es tritt aber doch unter der Form eines Triebes die Tobsucht auf in der Erotomanie, in der Nymphomanie und Satyriasis; je nachdem der Trieb sich in lüsternen Vorstellungen und Reden, in schamlosen Geberden und Handlungen, oder in directen Angriffen und Herausforderungen dem anderen Geschlecht gegenüber äussert. — Es muss auf eine krankhafte Steigerung des Geschlechtstriebes geschlossen werden, wenn Eindrücke und Gefühle, die für den Gesunden geschlechtlich indifferent sind, gleich lebendige Phantasievorstellungen und heftige Begierde erwecken; bei den höchsten Graden gesteigerten Geschlechtstriebes ist der Vorstellungsverlauf durch schlüpfrige und obscöne Phantasiebilder auf engen Bahnen festgehalten. die geschlechtlichen Vorstellungen nehmen das Bewusstsein für die Dauer völlig in Anspruch, lassen fasst gar keine anderen Gedanken aufkommen und erfüllen zugleich die Träume des Kranken.

Die Steigerung des Geschlechtstriebes kann von sehr verschiedenen Momenten abhängen. Wie bekannt, wirken sinnliche Aufregung, schlüpfrige Lectüre, sodann üppige Lebensweise bei körperlicher Ruhe, Hitze, warme Bekleidung, warmes Schlafen, endlich auch manche Genussmittel steigernd auf den Geschlechtstrieb. Es besteht ferner ein fatales Wechselverhältnis zwischen Centralorgan und Peripherie:

die Aufregung der Phantasie durch sexuelle Vorstellungen wirkt irritirend auf den Genital-Apparat zurück, die Reizung des letzteren wiederum unterhält und steigert das lüsterne Phantasiespiel. Steigerung des Geschlechtstriebes beobachtet man fernerhin bei mancherlei Krankheiten; in der Reconvalescenz von acuten Krankheiten kann sie auftreten, bei Phthisis pulmonum ist sie eine ziemlich häufige Erscheinung. Epileptiker und Hysterische haben oft sehr lebhaften Geschlechtstrieb. Alle Maniakalischen sind in sexueller Beziehung stark erreglich, desgleichen die Paralytiker und oft genug die senilen Blödsinnigen.

Dass diese auf allgemeiner Erfahrung beruhenden, durch die Wissenschaft constatirten Erscheinungen für den Priester als Seelenarzt von ausserordentlicher Wichtigkeit sind, liegt sehr nahe, indem er vermöge seines Berufes nicht nur über den moralischen Zustand zu urtheilen hat, sondern auch verpflichtet ist, rechtzeitig und entsprechend zur Rettung und Heiligung der Seelen einzuwirken. Die Mittel hiezu gibt die pastorelle Therapie an.

Endlich kann als besondere Form des krankhaften Triebes der Brandstiftungstrieb (Pyromanie) verzeichnet werden. Es kommt mitunter bei Frauen zur Zeit der Schwangerschaft vor, dass sie von einem unwiderstehlichen Drange getrieben werden, Brand zu legen, um recht grosses Feuer zu sehen. Ohne Zweifel liegen in diesen Fällen abnorme physische Vorgänge zu Grunde. Die eigenthümlichen psychischen Processe, welche sozusagen innerlich vernommene Vorschläge zur Vollführung gewisser unmotivirter, verkehrter, oder dem Sittengesetze geradezu widerstrebender Handlungen zum Bewusstsein bringen, werden als impulsives oder instinctives Irrsein bezeichnet.

Ich erinnere mich an einen Fall, der sich in Obersteier zu X. ereignet hat. Eine achtzehnjährige ledige Dienstmagd, die körperlich und geistig sehr wenig entwickelt war, hatte im siebenten Monate ihrer Schwangerschaft Brand gelegt, demzufolge der grösste Theil des Ortes eingeäschert wurde. Die Urheberin dieses Verbrechens wurde bald in der eben genannten Person entdeckt; vor Gericht gestellt, gab sie an, dass sie dem inneren Drange, viel Feuer zu sehen, nicht widerstehen konnte. Die Dienstgeber einvernommen, sagten vor Gericht aus: dass diese Person schon seit längerer Zeit oft stundenlang beim Herde stand, in das offene Feuer unverwandten Blickes sah und die grösste Freude zeigte und aufhüpfte, je mächtiger die Flammen emporschlugen; darüber getadelt, dass sie unnützerweise so viel Holz verbrenne, gab sie zur Antwort: es sei doch ein schönes Feuer! — Das Parere des Gerichtsarztes lautete auf Pyromanie, dementsprechend wurde auch das Urtheil gefällt.

Auch für den Seelsorger ist die Kenntnis und die Beurtheilung dieses psychischen Zustandes von grossem Werthe. In den meisten Diöcesen ist die Brandlegung ein „Reservat‘, d. h. eine Sünde, deren Absolution der Ordinarius sich vorbehalten hat. Da aber zum Eintritt der Reservation erfordert wird, dass eine Sünde nicht nur objectiv oder materiell, sondern auch subjectiv oder formell eine schwere Sünde sei; wo aber Pyromanie nachweisbar ist, die That also im Zustande der Unzurechnungsfähigkeit begangen worden ist, gibt es weder eine Imputation noch weniger eine Reservation.

Dass bei verschiedenen Krankheiten vorübergehende Tobsucht, mania transitoria, vorkommt, ist bereits gezeigt worden. Ebenso kann die Tobsucht auch unter den Formen von Affecten und Leidenschaften vorkommen. Das Selbstgefühl des Kranken ist durchwegs gesteigert und bildet die Grundlage seiner Wahnideen, welche in steter Steigerung und mit deren Fixirung es zur Ausbildung einer noch bedenklicheren Irrsinnsform — des Wahnsinnes — kommt.

Das Eigenthümliche und Charakteristische in den Exaltationszuständen haben wir in der Ideenflucht, der Gedankenjagd kennen gelernt. Wenn aber der Ablauf dieser spontanen psychischen Vorgänge langsamer wird, fixiren sich gewisse Wahnvorstellungen und verbinden sich zu einem Complex von irrigen Vorstellungen, und man bezeichnet diesen Zustand als Wahnsinn. Dem Wortbegriffe nach wird Wahnsinn entsprechend seiner Dehnbarkeit für verschiedene

Symptomencomplexe gebraucht, im engeren Sinne aber versteht man darunter einen psychopathischen Zustand, dessen Grundzüge affective anhaltende Selbstüberschätzung und dieser entsprechende Grössenwahnvorstellungen verschiedener Art ausmachen, welche den Menschen als einen ganz anderen erscheinen lassen, als er bis dahin gewesen. Heitere Laune und Selbstzufriedenheit, dabei aber erhebliche Reizbarkeit und heftiges Wesen, sobald das veränderte Ich mit den Einflüssen der Aussenwelt irgendwie in Conflict geräth, Steigerung des Combinationsvermögens, die sich in Schlagfertigkeit, namentlich was die Vertheidigung der Wahnideen anlangt, manifestirt, sind weitere wichtige Erscheinungen dieser Form des Irreseins, bei welcher das Handeln, die Repräsentation des Kranken überhaupt im Sinne verkehrter Motive völlig besonnen und wohl überlegt erscheint.

Der Wahnsinn ist daher ein Exaltationszustand mit anhaltender Selbstüberschätzung und damit zusammenhängenden mehr oder weniger fixirten Wahnvorstellungen, die das Ich, die frühere Persönlichkeit förmlich umwandeln.

Der Wahnsinn entwickelt sich zwar nicht immer, doch häufig aus der Tobsucht, er entsteht aber auch aus der Melancholie, indem eben die schwermüthige Stimmung in eine heitere umschlägt. Der Wahnsinn tritt niemals als erste psychische Störung auf, sondern entwickelt sich allmälig aus den eben erwähnten Zuständen; er stellt daher in prognostischer Beziehung immer eine schwerer heilbare Form dar, als es jene sind, aus denen er entstanden ist.

Auf die Ausbildung des Wahnsinnes nehmen Sinnesdelirien einen grossen Einfluss, weil sie die unabweislichsten Wahnvorstellungen erzeugen und schon vorhandene befestigen helfen. Der allgemeine Inhalt dieser Wahnvorstellungen ist immer ‚Selbstüberschätzung‘: der specielle Inhalt aber richtet sich nach der gewohnten Beschäftigung, nach den erworbenen Kenntnissen und überhaupt nach dem Grade der Bildung des Kranken. Eine krankhafte Ueberschätzung der intellectuellen Fähigkeiten enthält der Wahn der Erfinder, die

Projectenmacherei; sie tritt hervor in der Idee, ein Universalgenie, ein Prophet u. s. w. zu sein. Der Kaufmann spricht nur von den grossartigen glücklichen Speculationen, die er gemacht hat, der Arzt von den Wundercuren, die ihm gelungen sind u. s. w. In der krankhaften Ueberschätzung ihrer Persönlichkeit halten sich Alle für reich, begabt, mächtig und geben dieser Meinung Ausdruck. Nicht selten kommt der Wahn des erworbenen oder angebornen Vorzuges vor Anderen vor: Der Kranke ist entweder bekannt, vertraut mit hochgestellten Personen, verkehrt mit Heiligen, mit Christus, mit Gott. Hiebei kommen die leicht verständlichen Varietäten der erotischen Gröscnideen vor. Der Wahnsinnige hält sich für einen Verwandten von Fürsten, einen Bruder des Messias u. dgl., für irgend eine bekannte grosse Persönlichkeit, für einen König, Kaiser, für einen Heiligen, für Gott selbst, ja für ein noch höher stehendes Wesen. Die Idee der Mächtigkeit, welche diese Vorstellungen begleitet, kann je nachdem in dem Wahne zum Rächen und Strafen oder im Beglückungswahne sich geltend machen. Die Handlungen des Wahnsinnigen sind das Product seiner Vorstellungen; das erhöhte Selbstgefühl drückt sich auch in den verschiedensten Formen aus: in seinen Zügen, in seinen Gesten und Bewegungen, ja in seinem ganzen Wesen. Seine Sprachweise entspricht genau seiner Wahnidee, die absonderlichsten Figuren und bildlichen Darstellungen, die er aufzeichnet, stehen in einer engen Beziehung zu seiner Wahnvorstellung. Er sucht seine entworfenen Pläne durchzusetzen, ist dabei sehr schlau, so dass er durch seine Raffinirtheit häufig täuscht, weshalb er auch sehr gefährlich und geneigt ist, Gewaltthaten auszüben, um sein Ziel zu erreichen.

Die Wahnideen, wie wir gefunden haben, wurzeln in dem masslos erhöhten Selbstgefühle; erlischt dieses und bleibt der Wahn allein als fixe Idee zurück, so tritt der Kranke in ein anderes, sozusagen unheilbares Stadium, der Wahnsinnige ist verrückt geworden. Es sind psychopathische Zustände, bei denen Gemüthsstumpfheit, Trägheit und Lückenhaftigkeit des Vorstellens, Mangel an Willensenergie — also Symptome geistiger Schwäche — bestehen, während zugleich Wahnvorstellungen vorhanden sind, die nicht wie bei anderen Irreseinsformen continuirlich sehr lebhafte Gefühle bei dem Kranken unterhalten, dem entsprechend auch eine äussere Besonnenheit zulassen, die aber doch noch in dem abgeänderten, verfallenen Ich desselben Gemüthsbewegungen zu erregen im Stande sind, so z. B. kindische Freude, wenn man ihnen schmeichelt, Zornausbrüche beim Versuche, sie zu widerlegen. Für weitere mehr elementare Erscheinungen dieses als partielle Verrücktheit bezeichneten Symptomencomplexes erachtet man Hallucinationen und Illusionen, sodann allerhand Bizarrerien, sonderbare Gewohnheiten u. s. w.

Die Verrücktheit, wie bereits nachgewiesen worden ist, entwickelt sich aus der Melancholie, aus der Manie oder aus dem Wahnsinne, ist daher immer secundär. Die Wahnvorstellungen, die in jenen krankhaften Geisteszuständen zum Vorscheine traten, folgen dem Kranken auch in das Stadium seines psychischen Verfalles; sie tragen zwar noch immer den Charakter der Selbstüberschätzung an sich, die Kranken halten sich noch immer für hervorragende Persönlichkeiten, ohne aber irgend welche Geltung oder Anerkennung in der Aussenwelt zu beanspruchen, wodurch ihr jetziger Zustand der Verrücktheit sich wesentlich vom früheren Wahnsinne unterscheidet. Wenn aber im Verlaufe der Verrücktheit die Lebhaftigkeit der den Wahnvorstellungen entsprechenden Gefühle abnimmt, geht die Verrücktheit in einen hochgradigeren, psychischen Schwächezustand über, es entwickelt sich aufgeregter und apathischer Blödsinn. Die Wissenschaft zeigt, dass beim Eintritte dieser psychischen Schwächezustände schon derartige pathologische Veränderungen in der Textur der Gehirnpartien, welche den psychischen Functionen dienen, vorgegangen sind, die eine Rückbildung fast immer unmöglich machen.

Indem bei diesen Schwächezuständen jedes pastorelle Einwirken ganz und gar ausgeschlossen ist und es sich nur mehr um die physische Pflege der armen Kranken handelt, gehört die Darstellung des weiteren Verlaufes dieser Psychopathien ausschliesslich in den Bereich der medicinischen Psychiatrie. Weil aber der Seelsorger bei den genannten primären Formen im Vereine mit dem Arzte segensreich einwirken kann, so möge in den folgenden zwei Vorträgen das Wichtigste über pastorelle Therapie der Geistesgestörten behandelt werden.

Achter Vortrag.

Unter den verschiedenen Kenntnissen und Wissenschaften, die in der Menschenwelt gepflegt und mit einem ausserordentlichen Aufgebote der Geisteskraft betrieben werden, deren sorgfältige Cultivirung nicht selten die schwersten Opfer verlangt, nimmt ohne Zweifel die ‚medicinische Heilkunde‘ einen hohen Rang ein. — Nicht nur vom Standpunkte der Wissenschaft bietet sie ein grosses Interesse in Anbetracht ihres Objectes; ist ja der Gegenstand dieser Wissenschaft der Leib des Menschen in seinen constitutiven Elementen, in seiner normalen Entwicklung; aber auch in seiner Desorganisirung und in den mannigfaltigen Störungen seiner Lebensfunctionen. — Aber noch wichtiger ist die Bedeutung dieser Wissenschaft vom Standpunkte der Utilität, indem die Resultate ihrer Forschungen der menschlichen Gesellschaft unschätzbaren Nutzen und zahlreiche Vortheile gewähren. — Diese Wissenschaft stellt praktische Grundsätze auf, deren genaue Befolgung die Gesundheit und das Leben des Menschen zu schützen und zu verlängern geeignet ist — Hygienische Vorschriften. — Die Hauptaufgabe der medicinischen Wissenschaft aber ist, die Störungen des physischen Lebens genau kennen zu lernen, ihrer Entstehung und ihrem Verlaufe nachzuforschen; dann aber in geeigneter Weise und mit entsprechenden Mitteln einzugreifen, dem zerstörenden Fort-

schreiten der Krankheit Einhalt zu gebieten, und das normale
Verhältnis in den Lebensfunctionen wieder herzustellen. Die
Therapie ist wohl der Finalzweck des ganzen Heilver-
fahrens. Was nun von den rein physischen Störungen im leiblichen Leben gilt, das hat auch Geltung von den Störungen
im Wechselverhältnisse zwischen der Seele und dem Leibe.
Es muss daher die vorzügliche Aufgabe des Psychiaters sein,
dass soviel als möglich die vorhandenen Störungen aufgehoben
und das normale Verhältnis wieder hergestellt werde Wenn
aber ein erfolgreicher Heilungsprocess angebahnt werden soll,
so müssen — wie bereits gezeigt worden ist — die Ursachen
der Geistesstörungen festgestellt sein, weil eine vollkommene
Heilung ohne Entfernung der Ursachen nicht möglich ist. —
Weil ferner der Entstehungsgrund sowohl in den krankhaft
afficirten Organen des Leibes, wie auch in den anormal entwickelten Seelenkräften liegen kann, in beiden Fällen aber
stets gewaltige Störungen in den Functionen des physischen
Lebens vorkommen; so wird bei der Aufstellung von Grundsätzen, die in der Behandlung Geistesgestörter zur Anwendung gebracht werden sollen, das Hauptaugenmerk auf die
physischen Zustände gerichtet werden müssen. Denn häufig ist
mit der Entfernung der somatischen Ursachen das Uebel zum
Theile im Grunde gehoben : in allen Fällen muss zugleich in
geeigneter Weise auf die Seelenfunctionen beruhigend eingewirkt werden.

Da man aber im Laufe der Zeiten bezüglich der Behandlung dieser unglücklichen Kranken oft ganz eigenthümliche
Methoden angewendet hat, dürfte es von grossem Interesse
sein, die Art und Weise der Therapie, die ehedem zur
Anwendung kam, kennen zu lernen. Man kann nur mit
Wehmuth und tiefem Bedauern der verflossenen Zeit gedenken,
in welcher die armen Irren mit einer herzlosen Härte
barbarisch behandelt wurden. Allerdings ist die unmenschliche
und zugleich thörichte Behandlung nur eine Consequenz der
principiellen Auffassung und Beurtheilung der psychischen
krankhaften Affectionen. Man gieng von den zwei grund-

falschen Suppositionen aus: entweder, dass diese Personen von Eigensinn, Trotz und Bosheit erfüllt sind, oder dass eine überwuchernde Lebensfülle diese exorbitanten Erscheinungen verursache. — Diesen irrthümlichen Anschauungen gemäss waren auch die Mittel beschaffen, die man (angeblich) zur Heilung angewendet hat. Es ist geradezu haarsträubend, entsetzlich und fast unglaublich, wie man diese unglücklichen Menschen gemartert hat!

Ich erinnere mich sehr lebhaft mancher Scenen, die sich vor mehr als vierzig Jahren in Wien, in dem sogenannten ‚Narrenthurm' zugetragen hatten. Es war dies ein rotundes Gebäude in Verbindung mit dem allgemeinen Krankenhause, dessen Aeusseres schon einen widerlichen ja erschreckenden Eindruck machte. Dieses Gebäude hatte das Aussehen eines befestigten Thurmes mit kleinen (Schiessscharten ähnlichen) stark vergitterten Fensterchen. Das Innere war geradezu Schrecken erregend, es sah mehr einem dumpfen Grabe als einer Wohnstätte für Menschen gleich: ringsherum waren schmale, finstere Gänge, erfüllt mit einer verpesteten Luft, zu beiden Seiten waren kleine, düstere Gemächer, mit den allernothdürftigsten Einrichtungsstücken versehen, die aber in einem Zustande waren, dass sie ihrem Zwecke nicht mehr entsprachen.

Wenn schon der Anblick dieses unheimlichen und düsteren Gebäudes, dem die Hauptbedingungen zum Leben — Luft und Licht — fehlten, auf jeden Menschen einen deprimirenden Eindruck machte, so musste jedes menschlich fühlende Herz geradezu empört werden in Anbetracht der unmenschlichen Behandlung der allerunglücklichsten Kranken. Mit Abscheu gedenke ich mancher Scenen. Indem man der grundfalschen Ansicht huldigte, dass die Geistesgestörten eigensinnig, trotzig und boshaft sind, glaubte man durch Anwendung verschiedener Torturen den Eigensinn dieser Menschen zu brechen: man fesselte sie in barbarischer Weise, züchtigte sie unbarmherzig, besonders schmerzlich und peinlich war die Anwendung der sogenannten ‚Sturzbäder'. — Das nannte man ein Heilverfahren, ohne zu bedenken, dass durch solche Mittel der Zustand dieser Unglücklichen verschlimmert werden musste. — Indem man ferner von der irrigen Voraussetzung ausging, dass bei den psychisch Gestörten eine überwuchernde Lebensfülle vorhanden sei, glaubte man diese Personen physisch herabstimmen zu sollen: man entzog ihnen vielfach die nothwendige Nahrung — man ahnte nicht, wie gerade durch ein solches Verfahren die geringe Lebenskraft auf ein Minimum herabgesetzt und so die Möglichkeit auf Heilung vereitelt werden musste.

Es ist wahrlich ein glänzender Triumph, den die Wissenschaft auf dem so wichtigen Gebiete der Medicin, namentlich in Betreff der Behandlung der Geistesgestörten feiert. Die Wissenschaft hat die noch vor einem halben Jahrhundert vielfach herrschenden Irrthümer bezüglich des Wesens, der Ursachen, der Entwickelung, der Erscheinungsformen entdeckt, durch zahlreiche und unwiderlegbare Beobachtungen nachgewiesen. Die Wissenschaft hat entsprechend den Resultaten der rastlosen Forschungen gediegene praktische Principien aufgestellt, deren rationelle Anwendung der menschlichen Gesellschaft ausserordentlichen Nutzen und Segen gebracht hat.

Die Vertreter der psychiatrischen Wissenschaft haben vor allem Anderen darauf Rücksicht genommen, dass bei der Errichtung psychiatrischer Anstalten diese wissenschaftlichen Principien als Richtschnur dienen. Es ist nicht meine Aufgabe über die vortreffliche und zweckentsprechende Einrichtung dieser Anstalten eingehender zu sprechen; wer Gelegenheit hat, Anstalten der neueren Zeit zu besichtigen, wird sich überzeugen, dass alle Uebelstände und Nachtheile, die in der früheren Zeit vorkamen, beseitigt sind.

Ich glaubte diesen Umstand anführen zu sollen, um das zu rechtfertigen, was ich im ersten Vortrage schon erwähnt habe, dass es sehr vortheilhaft ist, Geisteskranke in eine derartige Anstalt bei Zeiten zu bringen, nicht nur weil diese Anstalten ausgezeichnet eingerichtet und geleitet sind, sondern weil es im Interesse des Kranken selbst ist. Der Kranke kommt in eine ganz neue Umgebung: fremde Menschen und Verhältnisse wirken oft sehr vortheilhaft ein auf jeden Irren, zumal Personen und Oertlichkeiten gewisse Ideen fortwährend produciren; ferner sammelt und beherrscht sich der Kranke so viel als es geht, schliesslich trägt sehr viel die geregelte Lebensweise zur Genesung bei, sowie auch die Anwendung sehr geeigneter Mittel, die man in der Privatpflege gewöhnlich nicht hat, z. B. kalte Abreibungen u. s. w.

Bevor ich nun von der pastorellen Therapie spreche, will ich zuerst von dem Einwirken des Seelsorgers auf den Kranken selbst, und im nächsten Vortrage von dem Einwirken des Seelsorgers auf die Umgebung des Kranken sprechen. Ich schicke voraus allgemeine praktische Grundsätze, welche der Priester bei der Behandlung Geistesgestörter anwenden soll.

Das erste und unbedingt nothwendige Erfordernis ist, dass man das Vertrauen des Kranken gewinnt; dies geschieht durch inniges Mitleiden und herzliche Theilnahme. Der Priester, der bei seinen Thätigkeiten so oft in die Lage kommt, Betrübte, Leidende, Unglückliche trösten zu müssen, der so oft an der Stätte des Elendes und Jammers als Tröster und Helfer erscheinen muss, wird ohne Zweifel beim Anblick dieser Aermsten aller Armen gerührt, bewegt, ja erschüttert werden, so dass er ihnen seine aufrichtige Theilnahme und Liebe nicht versagen kann. Die Erfahrung bestätigt das, was psychologisch erklärbar ist, dass man demjenigen Vertrauen entgegenbringt, der Theilnahme an unserem Unglücke zeigt. Auch die Irren erkennen oder wenigstens fühlen es, wer es gut mit ihnen meint, und dem schenken sie auch am ehesten noch ihr Vertrauen.

Bei der Behandlung der Geistesgestörten wird ferner eine ausserordentliche Geduld und Langmuth erfordert. Wenn der Umgang mit Kranken überhaupt und die Krankenpflege unsere Nachsicht, Geduld und Opferwilligkeit oft in hohem Grade in Anspruch nehmen, so gilt dies noch mehr von den Geistesgestörten, bei denen die Zurechnungsfähigkeit die minimalste, ja in den meisten Fällen gar nicht vorhanden ist. Oft meint man und freut sich, einigen Erfolg erzielt zu haben, und schon der nächste Augenblick zeigt, dass es nur Täuschung war. Dabei hüte man sich sorgfältig vor jeder Aufregung und

Heftigkeit und Zornesausbrüchen; denn man setzte sich der Gefahr aus, das Vertrauen des Kranken zu verlieren.

Obwohl man den Geistesgestörten gegenüber die grösstmögliche Geduld bewahren soll, muss man doch bei der Behandlung derselben Entschiedenheit und Festigkeit beobachten und verlange von denselben Gehorsam. Dies ist umso nothwendiger, weil diesen Kranken die Potenz, ihre Willenskraft zu beherrschen, abhanden gekommen ist. Und weil der Seelsorger, namentlich im ersten Stadium der Krankheit, durch seinen moralischen Einfluss sehr vortheilhaft wirken kann, wir der diesem Grundsatze eine besondere Aufmerksamkeit zuwenden und die diesbezüglichen Vorschriften mit grosser Vorsicht und Klugheit anwenden.

Der weitaus wichtigste Grundsatz bei der Behandlung der psychischen Störungen ist, dass der Seelsorger nach den Ursachen der Störungen forscht. Es handelt sich bei der pastorellen Thätigkeit um die allerersten Anfänge psychischer krankhafter Zustände, bei welchen eigentliche Störungen noch nicht vorkommen, die aber leicht entstehen können, wenn nicht frühzeitig in geschickter Weise eingegriffen wird. — Hiezu ist dem Priester vielfach Gelegenheit geboten bei der Verwaltung des Busssacramentes, da ihm ein tieferer Einblick in das Seelenleben geboten ist. Ein Priester, der psychiatrische Kenntnisse sich erworben hat, klug und milde die Seelenkranken behandelt, kann von manchen Menschen das grösste Unglück abwenden.

Zu den häufiger vorkommenden Fällen, die eine besondere Behandlung erheischen, gehört die Scrupulosität. Es gibt Personen, die, von einer peinlichen Gewissensangst erfüllt, sich damit quälen, dass sie meinen, fasst bei jedem Worte, bei jeder Handlung eine Sünde zu begehen. Hält diese innere Unruhe und Angst längere Zeit an, wird sie an Intensität zunehmen, und wenn nicht der Beichtvater mit allem Ernste dagegen wirkt, kann ein sehr bedenklicher Zustand eintreten — Die erste Aufgabe des Priesters wird sein, zu forschen nach der Ursache. Die Scrupulosität kann ihren Grund haben in einer timiden Natur oder in einer mangelhaften Kenntnis der Religionslehre, besonders in Bezug auf die Imputation der

Sünden. Ist eine Person von Natur aus scheu. furchtsam und ängstlich, so ist entweder körperliche Schwäche vorhanden, oder es ist in der Erziehung gefehlt worden. Der Priester wird jedenfalls durch gütiges Zureden Muth einflössen und zum festen Vertrauen auf Gott ermuntern, nachdem er in einer klugen und schonenden Weise den Seelenzustand geprüft hatte. — Findet der Priester aber, dass der Scrupulosität mangelhafte Religionskenntnis zu Grunde liegt, besonders Unwissenheit in Betreff der Requisite zu einer schweren Sünde, so hat er die Pflicht zu belehren und namentlich darüber Aufschluss zu geben, was in objectiver und subjectiver Beziehung zu einer schweren Sünde erfordert wird. — Man verlange von scrupulosen Personen strengen Gehorsam; in vielen Fällen wird man das Mass des Gebetes und gottesdienstlicher Uebungen bestimmen, wie auch die Zeit zur Beicht fixiren.

Eine grosse Umsicht und eine sorgfältige Behandlung von Seite des Seelsorgers erheischen jene Personen, bei denen sich die Anfänge einer traurigen Verstimmung zeigen. — Auch bei diesen Personen wird man vor allem Anderen ebenfalls nach der Ursache forschen müssen, um dann das Heilverfahren entsprechend einzuleiten. Die Ursachen solcher fast an Schwermuth grenzenden Traurigkeit können entweder in einer andauernden körperlichen Kränklichkeit liegen, oder sie sind zurückzuführen auf einen vorausgegangenen sündhaften, ausschweifenden Lebenswandel, sie können aber auch zu finden sein in unglücklichen äusseren Verhältnissen, z. B. getäuschte Liebe, der Tod einer theuren Person oder sonst zeitliche Verluste u. s. w. — Hat man die Ursache aufgefunden, wird man innige Theilnahme bezeugen und hauptsächlich durch religiöse Vorstellungen auf das Gemüth einzuwirken suchen. Liegt der Grund in einem körperlichen Leiden, wird man immer und mit aller Entschiedenheit verlangen, dass der Leidende ärztliche Hilfe aufsuche. Hat er dies bereits gethan und vielleicht schon allerlei Mittel angewendet, und ist trotz alledem sein Zustand unverändert geblieben, so wird man ihn zum unerschütterlichen Vertrauen auf Gott ermuntern, der den Menschen oft lange prüft, aber gewiss Hilfe sendet zur rechten Zeit. Vielleicht sind dem Priester aus seiner seelsorglichen Thätigkeit Fälle bekannt, in welchen dies bestätigt wird, so wird er sich mit gutem Erfolge darauf berufen können. Ist die Seelentraurigkeit die Folge eines ausschweifenden, sündhaften Lebens, gibt es nur eine Remedur in den Gnadenmitteln, welche die heilige Religion bietet. Ein grosser Geist und vielleicht der grösste Kenner des Seelenlebens, der heilige Augustinus, sagt von der sinnlichen Lust: ‚Vor der That erscheint sie in reizender Gestalt und lockt, nach der That foltert sie und treibt zur Verzweiflung.‘ Die Wahrheit dieser Worte zeigt sich oft im Leben der Menschen. Nicht gering ist die Zahl Derjenigen, die sich von der wilden Sinnenlust wie Sklaven führen lassen. In der Verblendung des Geistes und in der Verkehrtheit des Willens verachten sie die mahnende Stimme des Gewissens, allmälig wird ihnen die Sünde zur Gewohnheit, dann zur Nothwendigkeit, endlich zur zweiten Natur. Da geschieht es nicht selten, wenn die Sünde den Menschen verlassen hat, wenn nämlich die Unmöglichkeit zu sündigen eingetreten ist, dass die Stimme des Gewissens noch einmal, und zwar gewaltig ertönt und den Sünder erschüttert. Jetzt erst erkennt er seinen jammervollen Zustand, jetzt erst tritt das hässliche Bild seiner moralischen Verworfenheit vor Augen, und er sagt sich selbst: meine Sünde ist grösser, als dass ich Verzeihung verdiene — er steht am Rande der Verzweiflung. Bei solcher physischen und moralischen Zerrüttung ist die grösste Gefahr einer bevorstehenden Geistesstörung. Da kann einzig und allein nur der Priester, als Seelenarzt, heilen und retten. Er wird zuerst das Gift der Sünde entfernen und die Seele von dem Schmutze der Sünde reinigen, dann aber das Vertrauen auf Gottes unendliche Güte und gnadenreiche Barmherzigkeit wecken und befestigen. Die Ursache der traurigen Stimmung können aber auch verschiedene Unglücksfälle und zeitliche Verluste sein. Der Seelsorger wird mit Rücksicht auf die Beschaffenheit des widrigen Ereignisses, wie auch mit Bezug auf die Subjectivität des vom Unglück Getroffenen entsprechende religiöse Vorstellungen machen, um ihn zu beruhigen und zu trösten.

In diesen drei Fällen wird ohne Zweifel durch die pastorelle Behandlung das Gemüth der traurig Gestimmten einigermassen beruhiget werden; allein dieser Zustand der Beruhigung hält nicht lange an, es tritt wieder und abermals eine traurige Stimmung ein. Daher die Tröstungen fortgesetzt werden müssen, was eben die Geduld des Priesters oft auf eine harte Probe stellt.

Die bisher besprochenen Zustände sind noch keine psychischen Störungen, wohl aber Seelenstimmungen, die, wenn sie lange Zeit anhalten, gefährlich werden können. Sofern nicht bei Zeiten und rationell entgegengewirkt wird, muss ganz sicher eine eigentliche Verstimmung entstehen.

Noch mehr Aufmerksamkeit und Sorgfalt muss der Seelsorger jenen Personen zuwenden, bei denen prädisponirende Ursachen zu Psychosen vorhanden sind, es mögen somatische oder psychische Ursachen sein. In beiden Fällen ist der Seelsorger bei seiner wichtigen Aufgabe und Stellung im Stande, frühzeitig dem Ausbruche eines grösseren Uebels vorzubeugen, sowohl auf die zartere Jugend, wie auch auf die Erwachsenen segensreich einzuwirken.

Mit Bezug auf die zwei wichtigsten prädisponirenden somatischen Ursachen, von denen im (vierten) Vortrage die Rede war, wird der Seelsorger (dies gilt auch für den Lehrer) jenen Schulkindern eine besondere Aufmerksamkeit zuwenden, die aus Familien abstammen, in welchen Fälle psychischer Störungen vorgekommen sind, besonders dann, wenn bei diesen Kindern eine geringe körperliche und hauptsächlich eine minimale geistige Entwicklung stattgefunden hat. Priester und Lehrer sollen mit diesen schwachen Kindern recht viel Geduld und Nachsicht haben, sie sollen mit den geringsten Leistungen derselben zufrieden sein und dieser Zufriedenheit bei jeder Gelegenheit vor anderen Kindern Ausdruck geben. Dadurch werden Priester und Lehrer sich das vollste Vertrauen der Kinder erwerben, diese werden ermuthigt und werden freudig Gehorsam leisten; ja diese armen Kinder betrachten den Priester und Lehrer als ihre besten Freunde, bei denen sie Schutz finden gegen den Muthwillen und die Neckereien von anderen Personen. Mit Rücksicht auf die entfernten somatischen Ursachen, die wir kennen gelernt haben, als begründet in den Entwicklungsstadien, in der Eigenthümlichkeit der Beschäftigung und Gewerbe und hauptsächlich im Pauperismus, kann der Seelsorger vielfach nützen. Da in der Evolutionsperiode namentlich sensibler Mädchen grosse Gefahr einer psychischen Störung vorkommt, wird der Priester bei der pastorellen Behandlung solcher Personen die grösste Vorsicht gebrauchen, und namentlich bei den Belehrungen in den Ausdrücken sehr behutsam sein, um nicht Gefühle zu erwecken, die psychische Aufregung verursachen. Was die Gefährlichkeit betrifft, die mit der Ausübung mancher Gewerbe verbunden ist, kann der Seelsorger vielleicht durch seinen moralischen Einfluss bewirken, dass so manche Excesse, die von solchen Personen begangen werden, zum Beispiel der unmässige Genuss von alkoholischen Getränken, sexuelle Ausschreitungen, gewagte Unternehmungen oder Spiele u. s. w. vermieden werden. Dem bei der enormen Uebervölkerung besonders in grossen Städten vorkommenden Pauperismus, der seine grossen Nachtheile in psychischer Beziehung schon bei der zarten Jugend geltend macht, kann und soll der Seelsorger durch Förderung der humanitären Institute und Vereine, sowie durch Weckung und Förderung des Wohlthätigkeitssinnes entgegenarbeiten. Wahrlich eine ausserordentliche Wohlthat wird den armen Kindern zu Theil, durch die in neuester Zeit eingeführten ,Feriencolonien' und durch das Institut des ,Seehospitzes'. Da wird manches physische und psychische Unglück abgewendet.

Denselben Einfluss, den der Seelsorger bei den entfernten somatischen Ursachen der Geistesstörungen nehmen soll, um ein weiteres Unglück zu verhüten, kann er in noch höherem Maasse ausüben bezüglich der entfernten psychischen Ursachen durch vernünftige Erziehung.

Nächst seiner Hirnorganisation verdankt ja der Mensch der Art und Weise der Erziehung die Eigenart seiner psychischen Existenz. ,Erziehung' ist die absichtliche und vernunftgemässe Ein-

wirkung auf die Entwicklung und Bildung des unmündigen
Menschen, um ihn auf jene Stufe von Selbstthätigkeit zu bringen,
die man Reife nennt.' Es müssen die Seelenkräfte naturge-
mäss entwickelt und harmonisch gebildet werden; daher
müssen alle Erziehungsfehler, welche Prädispositionen zum Irresein
schaffen können, sorgfältig vermieden werden. Dahin gehören:
Eine allzustrenge Behandlung des äusserst impressionablen
kindlichen Gemüthes. das so sehr empfindungsweich und liebe-
dürftig ist. Waltet hier Härte, ja selbst Rohheit vor, so wird
nicht nur die Entwicklung gemüthlicher Beziehungen im Keime
zerstört, sondern zugleich der Grund zu schmerzlichen Beziehungen zur Aussenwelt bis zum Lebensüberdruss, zu ver-
schlossenem, leutscheuem Charakter gelegt. — Ein anderer
Erziehungsfehler ist eine allzu nachsichtige Erziehung, die
nichts zu versagen und alles zu entschuldigen weiss und damit
Eigensinn, ungezügelten Leidenschaften und Affecten. mangelnder
Selbstbeherrschung und Entsagung Vorschub leistet. — Sehr
gefehlt wird bei der Erziehung durch allzu frühe Weckung
und übermässige Anstrengung der intellectuellen Kräfte auf
Kosten der Ausbildung des Gemüthes, der kindlichen Unbefangen-
heit und körperlichen Gesundheit. — Leider wird in den Lehr-
plänen und Schulorganisationen sehr häufig der grösste Werth
auf die materielle und zu wenig Gewicht auf die formelle
Bildung gelegt.

Auf diesem Wege kann eine neuropathische Constitution
erworben und dadurch der Grund zu späterem Irresein gelegt
werden. Nicht minder bedenklich ist die allzu frühe Herein-
ziehung der Kinder in die geselligen Kreise der Erwachsenen.
Sie führt zu früher Blasirtheit, verleitet zu anticipirten sinnlichen Genüssen und Ausschweifungen, welche die körperliche
und geistige Fortentwicklung schädigen.

Der Seelsorger wird, so weit es in seiner Macht liegt,
für die harmonische Entwicklung und Bildung aller Seelenkräfte der Kinder die grösstmöglichste Sorgfalt tragen; er wird in
pastoral kluger Weise und mit allen ihm zu Gebote stehenden
Mitteln die Lectüre der reiferen Jugend gewissenhaft überwachen,
und wenn er bei einzelnen Personen einen excentrischen Phantasie-

flug beobachtet, bemühe er sich bei Zeiten, in geeigneter Weise demselben Zügel anzulegen, namentlich dadurch, dass er Verstand und Gedächtnis mehr zu üben sucht.

Da ferner die Affecte und Leidenschaften die gewöhnlichsten aber auch die gefährlichsten Ursachen der Seelenstörungen sind, so muss der Seelsorger bei dem überaus wichtigen Geschäfte der Erziehung gleich im Anbeginne dafür Sorge tragen, dass die Gefühle bei Kindern und der heranreifenden Jugend gehörig geregelt und weise geleitet werden; falls sich aber bei einzelnen Individuen die Anfänge zu heftigen Gemüthsbewegungen zeigen, müsste ihnen allsogleich und mit strenger Consequenz entgegengetreten werden nach dem praktischen Grundsatze: ‚Principiis obsta sero medicina paratur — dum mala per longas invaluere moras'.

Ganz besonders gilt dies von den Leidenschaften, welche in der sinnlichen Natur ihre Wurzel haben und von den Affecten des Neides, Zornes und Hasses, die bei einer thörichten Erziehung oft schon in den Kinderjahren sehr intensiv werden. Die geeignetsten und wirksamsten Mittel zur Bekämpfung und Ausrottung der bösen Neigungen, Leidenschaften und Affecte bietet die Religion mit ihren vortrefflichen Sittenlehren und der heiligenden Kraft der göttlichen Gnade.

Diese auf pädagogischen und pastorellen Grundsätzen beruhende Anleitung soll dazu dienen, dass der Seelsorger solche Personen, die eine Disposition zur Geistesstörung zeigen, vor dieser Gefahr rechtzeitig schütze und bewahre. Diese angeführten Grundsätze sind daher mehr prophylactischer als therapeutischer Beschaffenheit.

Da aber der Seelsorger öfter in die Lage kommt, bei der Behandlung Geistesgestörter interveniren zu müssen, ist es wünschenswerth, dass er die Methode der medicinischen Therapie im Allgemeinen kennen lernt, dann aber kennen lerne die speciellen Grundsätze der pastorellen Therapie. Was die medicinische Therapie anbelangt, sollen zuerst die allgemeinen Grundsätze mit besonderer Berücksichtigung der beliebtesten Heilmethoden, dann aber die specielle Behandlung der Hypochonder, der Melancholiker und der Maniakalischen besprochen werden.

1. Grundsatz. Sehr wichtig ist es, die Ernährung des Körpers zu erhalten und zu heben, um den Verfall der Kräfte zu verhindern oder eine zu Grunde liegende Schwäche zu beseitigen.

Die Erfahrung lehrt, dass die allermeisten Seelengestörten schon an und für sich bei dem ersten Ausbruch ihrer Krankheit an Störung in der Ernährung leiden. Durch wirkliche Erkrankung der Digestionsorgane oder zufolge der Verweigerung der dargebotenen Speisen bei krankhaften Ideen (Vergiftungswahn) leidet die Ernährung immer mehr und mit jedem Tage sinkt das Körpergewicht bedeutend. ‚Wer sich schon genauer darüber informirt hat', schreibt Dr. Erlenmeyer, ‚wird sicher die Ueberzeugung erlangt haben, dass jeder Seelengestörte mit der Zunahme der Krankheit fortwährend an Gewicht abnimmt, und zwar oft in überraschender Progression. Bei der gestörten Ernährung des Körpers ist auch die Blutbildung eine mangelhafte und die Kräfte sinken bedeutend. Nicht blos in den willkürlichen Muskeln zeigt sich die gesunkene Kraft, sondern ebenso entschieden in den unwillkürlichen, in den Circulationsorganen etc. Von dieser Schwäche rühren dann gerade die Erscheinungen her (starke Herzthätigkeit, lebhafteres Pulsiren der Arterien, Ueberfüllung der Venen), welche man als die Aeusserungen des Ueberflusses anzusehen gewohnt ist.'

Auf der irrthümlichen Supposition, dass bei diesen Personen eine abnorme Lebensfülle vorhanden sei, beruht die in früheren Zeiten allbeliebte Behandlungsmethode: die Entziehungs-Cur. Man setzte die Diät auf das Minimum herab; man verabreichte Purgantia, wendete Blutentziehungen an; den Schluss bildeten dann gewöhnlich einige tüchtig eiternde Fontanellen oder ein Haarseil im Nacken Noch vor nahezu fünfzig Jahren war ich Augenzeuge von derartigen Torturen. Bei diesem höchst irrationellen Verfahren wurde der ohnehin herabgekommene Kräftezustand noch mehr geschwächt und der Körper ganz erschöpft.

Auch da zeigt sich der Triumph der Wissenschaft in unserer Zeit! Man geht von dem sehr richtigen Grundsatze aus, durch Verabreichung substanziöser, aber leicht verdaulicher Nahrungsmittel den zumeist sehr geschwächten Kräftezustand der Kranken zu heben. Dies zu bestimmen ist Sache des psychiatrischen Arztes.

2. Grundsatz. Von grosser Wichtigkeit ist es, eine richtige Blutvertheilung im Körper und besonders in den peripherischen Organen zu befördern.

Es ist bereits zu wiederholten Malen in diesen Vorträgen darauf hingewiesen worden, dass die Blutvertheilung und Blutcirculation im Körper der psychisch Kranken vielfach unregelmässig ist. Die Extremitäten sind in Folge dessen meistens kalt, die Hände und Füsse oft bläulich und livid gefärbt, die Haut ganz kalt anzufühlen. Dagegen ist der Kopf an und für sich heiss, die Arterien lebhaft pulsirend, die Venen hervorragend und mit Blut überfüllt.

Aufgabe des Arztes ist, durch geeignete Mittel diese Uebelstände zu heben. Dr. Erlenmeyer meint: „Wichtiger ist es an dem Kopfe durch kalte Umschläge die Contraction der Blutgefässe zu befördern und dadurch das langsam dahinschleichende Blut in raschere Circulation zu bringen. Man hüte sich aber die kalten Umschläge durch Regen- oder Douchebäder zu ersetzen, denen gewöhnlich eine noch energischere Abkühlungsfähigkeit zugeschrieben wird, was jedoch sicherlich nicht auf richtiger Beobachtung beruht, denn es tritt vielmehr der Fall ein, dass nach solchen Regen- oder Douchebädern der Blutandrang noch viel stärker wird.

Ob und welche Vortheile die Hydropathie bei der Behandlung der Geistesgestörten gewährt, will ich nicht untersuchen, das überlasse ich den psychiatrischen Aerzten. Soviel aber kann ich entschieden behaupten, dass die alte und sehr beliebte Methode nicht nur barbarisch, sondern auch höchst irrationell gewesen ist, indem man Douche in Armsdicke aus grosser Höhe über den Kopf des Kranken herablaufen liess. Ich denke mit Entsetzen an diese martervolle Procedur.

Von grossem Werthe sind kalte Waschungen, namentlich kalte Abreibungen, ferner auch Flussbäder; kalte Sitzbäder sind sehr geeignet zur Minderung geschlechtlicher Erregung.

Eine ehedem sehr verbreitete Methode, die Seelengestörten ohne Auswahl zu behandeln, war: die Erschütterungs-Cur.

Was Dr. Erlenmeyer von der Erschütterungs-Cur sagt, und zwar von der somatischen durch Darreichung des Tartarus stibiatus und von der psychischen Erschütterung, indem heftige Gemüthsbewegungen hervorgerufen werden durch betrübende Nachrichten, Furcht, Schreck u. s. w., um eine geistige Ablenkung zu erzielen, dürfte nach dem dermaligen Stande der Wissenschaft in der Psychiatrie gegenstandslos sein. Noch vor mehreren Decennien hat man die Erschütterungs-Cur in ganz eigenthümlicher Weise angewendet; ich selbst war Augenzeuge, wie man die armen Irren unbarmherzig geprügelt hat.

3. Eine andere, sehr gewöhnliche sogenannte specifische Heilmethode ist die „Zerstreuungs-Cur".

Ohne Zweifel ist es von ausserordentlichem Nutzen, wenn die Geistesgestörten ihrem bisherigen Ideenkreise entzogen werden, wenn sie in neue Verhältnisse gebracht, ihre Geistesthätigkeit eine andere Richtung erhält, besonders wenn dadurch Liebe und Neigung zu einer Beschäftigung erzweckt wird, die das leibliche Wohl fördert, mit der krankhaften Idee aber in keinem Connexe steht. Bei diesem Heilverfahren sind daher besonders wichtig drei Fragen: Welche Zerstreuungen sollen angewendet werden, ferner wann und wie sollen sie vorgenommen werden?

Bezüglich dieser Heilmethode äussert sich Dr. Erlenmeyer folgendermassen: „Die Kranken werden ohne Auswahl und ohne Rücksicht auf den Grund ihrer Krankheit förmlich mit Gewalt zum Vergnügen gezwungen, sie sollen Bälle, Theater, Concerte besuchen; es wird nicht nur systematisch darauf gedacht, sie in ihrer Krankheit mit Allem in Berührung zu bringen, was ihnen während ihrer gesunden Tage in der Heimat angenehm war, sondern man geht noch einen Schritt weiter und schickt sie in die Ferne, um sie gewaltsam zu zerstreuen. Es wird irgend ein energischer Begleiter, oder wenns wohl überlegt wird, ein junger Arzt ausgewählt, der nun mit seinem Kranken die halbe Welt durchreist. Gewöhnlich werden dann auf der Reise noch einige hervorragende Aerzte consultirt, um noch mehr Verwirrung in die Behandlung zu bringen und schliesslich der Kranke nach einem sehr besuchten Badeorte geleitet, weniger um einige Gläser Wasser zu trinken und einige Bäder zu nehmen, als vielmehr um recht in den Centralpunkt rauschender Lustbarkeiten gebracht zu werden. Keine der bis jetzt aufgezählten Behandlungsmethoden leistet eigentlich weniger als diese, und doch wird keine, wenigstens in den höheren Ständen, häufiger gebraucht.'

In Betreff der Beantwortung der ersten Frage: Welche Zerstreuungsmittel angewendet werden sollen? muss besonders bemerkt werden, dass der Aufenthalt in gesunder Luft sehr wohlthätig auf den physischen Zustand einwirkt; ferner weil diese Kranken in der Regel sehr herabgekommen sind, sich äusserst schwach fühlen, dürfte nur eine ganz mässige Bewegung angezeigt sein, ja eine forcirte Bewegung oder gar eine Reise wäre ungemein nachtheilig. Was den Besuch der Theater, Concerte und Gesellschaften anbelangt, wäre der Gebrauch dieses Mittels in den einzelnen Stadien der Krankheit geradezu verderbenbringend, indem ja der ganze Apparat bei solchen Vergnügungen: intensive Beleuchtung, lärmende Musik u. s. w., aufregend einwirkt. Das beste Zerstreuungsmittel ist längerer Aufenthalt in guter Luft, mässige Bewegung stets in Gegenwart einer gebildeten, sanften und in der Behandlung Geistesgestörter geschulten Persönlichkeit. Welche specielle Mittel angewendet werden können, wird bei der Behandlung der besonderen Krankheitsformen angegeben werden.

Ebenso wichtig ist die Frage: Wann Zerstreuungsmittel gebraucht werden sollen? Der Arzt, der bei der Bestimmung der anzuwendenden Zerstreuungsmittel massgebend ist, wird in den einzelnen Fällen auch die Zeit bestimmen, wann sie zweckentsprechend gebraucht werden können. Im Allgemeinen gilt, dass man auf die subjective Disposition des

Kranken, wie auch auf die Beschaffenheit der Krankheit selbst alle Rücksicht nehmen soll. In manchen Fällen dürfte vielleicht bei den leisesten Anfängen eine passende Zerstreuung zweckdienlich sein: in den Entwicklungsstadien der Krankheit ist aber die grösste Vorsicht nothwendig. Vom Stadium der Reconvalescenz sagt Dr. Erlenmeyer: ‚Reisen zur Nachcur, nachdem die Krankheit beseitigt ist und das Gemüth wieder zugänglich für alle die Freuden dieser Welt geworden ist, sind von dem wohlthätigsten Erfolge. Sie stärken und befestigen die Gesundheit und vermitteln am besten den Uebergang zum gewöhnlichen Berufsleben.'

Entschieden ist in der Therapie das Allerwichtigste, wie auf den Kranken eingewirkt werden soll, und weil es sich bei diesen Vorträgen um eine pastorelle Therapie handelt, in welcher den Seelsorgern geeignete Normen angegeben werden sollen, die sie in vorkommenden Fällen zur Anwendung bringen, nehme ich Rücksicht auf die Hauptformen der Geistesstörungen, bei welchen der Priester oft einen erspriesslichen Einfluss nehmen kann. Ich will zuerst von der pastorellen Behandlung der Hypochonder, dann der Melancholiker und schliesslich von der Behandlung der Maniakalischen sprechen.

Bei der Behandlung der Hypochonder ist grosse Geduld und Umsicht nothwendig; denn ihr Klagen und Lamentiren nimmt fast kein Ende. Glaubt man, den Kranken beschwichtigt und beruhigt zu haben, so währt es nicht lange und das Lamento beginnt von Neuem. Grundsatz muss es sein, nicht zu sehr auf die Klagen des Kranken einzugehen, weil er sonst immer neue Leiden entdeckt; man darf aber noch weniger seine Leiden für zu geringfügig halten, weil man sonst sich das Zutrauen ganz entfremdet. Ist dies verloren, dann kann weder der Arzt noch der Priester einen gedeihlichen Einfluss nehmen. Es wäre aber doch auch hart und ungerecht, den Zustand des Kranken so zu unterschätzen, zumal er ja einen grossen Theil, worüber er klagt, wirklich empfindet. Es wäre sehr unklug und gross gefehlt, dem Hypochonder mit den lieblosen

Ausdrücken ‚Einbildung‘, ‚Mucken‘ oder ‚Hirngespinnst‘ entgegenzutreten.

Weil bei der Hypochondrie stets Störungen in den leiblichen Functionen vorkommen, wird der Priester entschieden darauf dringen, dass der Arzt zu Hilfe gerufen wird, und es gibt vortreffliche Mittel in der Medicin, welche bei diesen Zuständen ausgezeichnete Dienste leisten. Drastisch wirkende Mittel müssen vermieden werden, weil sie den Kranken, der ohnehin sehr herabgestimmt ist, allzu sehr schwächen würden. Bei der ganzen Behandlung soll überhaupt Sorge getragen werden für den normalen Fortgang aller Verrichtungen: Verdauung, Stuhlentleerung, Haut - Secretionen, besonders für Schlaf.

Gegen Schlaflosigkeit können Bäder, nasse Einpackungen, Chloralhydrat in vorübergehender Anwendung nützlich sein: ganz besondere Dienste leistet Bromkali. Diese Mittel hat nur der Arzt zu bestimmen.

Der Seelsorger beobachte bei der Behandlung dieser Kranken folgende Grundsätze: Er höre mit Geduld und mit herzlicher Theilnahme die Klagen des Kranken an und spreche von seinen Leiden, dadurch gewinnt er sein Vertrauen, und besitzt er dieses, so dürfte er bald eine geistige Ueberlegenheit erringen, besonders wenn der Kranke bemerkt, dass der Seelsorger seinen Zustand richtig erkennt und vielleicht ähnliche Zustände schon öfter kennen gelernt hat. Diese Ueberlegenheit suche der Priester zu erhalten, dann wird es ihm möglich sein, auf die Urtheilskraft des Kranken einzuwirken — und zwar nicht durch directen Widerspruch, sondern indem er ihn aufmerksam macht, dass er trotz seiner Furcht und Niedergeschlagenheit geistig und körperlich zu arbeiten, ja auch ganz heiter zu sein vermag.

An dieses sehr wichtige Vorgehen bei der Behandlung des Hypochonder schliesst sich eine andere Vorschrift an. Es soll nämlich die Aufmerksamkeit des Kranken von seinem Körperzustande abgeleitet, oder auf einen bisher ihm ungewohnten neu zu erweckenden Zustand hingelenkt werden. Zu diesem Zwecke empfehlen sich: täglich eine mässige Bewegung in frischer Luft, eine nicht anstrengende Reise, leichte Turnübungen, Seebäder u. s. w. Immer muss die Individualität berücksichtigt werden.

Nebst diesen mehr allgemeinen Mitteln hat der Seelsorger mit Bezug auf die Quellen der Krankheit specielle Mittel anzuwenden, welche die Religion darbietet. Wenn die Hypochondrie ihren Grund und ihre Wurzel in einem Seelenleiden hat, wenn sie z. B. die Folge eines ausschweifenden Lebenswandels ist, indem beständige und heftige Gewissensvorwürfe die Seele quälen, wäre es unklug, zwecklos oder sogar gefährlich, sogleich den Kranken zur Beichte zuzulassen: unklug, weil man sich zur Unzeit des besten Mittels begeben würde, zwecklos, weil er noch nicht in der rechten Disposition sich befindet und gefährlich, weil er mit einem neuen Vorwurfe geängstigt würde, dass er ungiltig gebeichtet hat. Man wird daher durch Hinweisung auf die unendliche Barmherzigkeit Gottes und durch Beispiele aus dem Leben und Benehmen Christi den Sündern gegenüber in dem Kranken Vertrauen auf Gott erwecken, ihn beruhigen und das Verlangen nach dem Empfange der Sacramente wecken und allmählig stärken, bis eine ruhigere Stimmung eintritt. Sind aber äussere Verhältnisse, z. B. Unglücksfälle, der Tod einer geliebten Person oder sonstige zeitliche Verluste die Ursache der Hypochondrie, so weise man auf die geheimnisvollen Wege der göttlichen Vorsehung hin und ermuntere zum Gottvertrauen: mit diesen religiösen Vorstellungen verbinde man aber auch natürliche Mittel der Zerstreuung, z. B. die Betheiligung bei irgend einem wohlthätigen Unternehmen, eine passende Lectüre, Musik u. s. w. Hat man einigen Erfolg erzielt, danke der Seelsorger Gott im Gebete, aber er mache sich gefasst, dass der Kranke nach kurzer Zeit wieder mit den alten Klagen kommt; da heisst es grosse Geduld bewahren, liebevoll aber entschieden auftreten.

Viel schwieriger ist die Behandlung der Melancholiker, da sie meist verschlossen sind. Bei diesen Kranken ist ja das Selbstgefühl so herabgestimmt, dass jede gesunde Thätigkeit und Kraftäusserung fast gelähmt ist. Schon der einfach verstimmte Mensch wird durch jeden psychischen Eindruck von Aussen her unangenehm afficirt, kein Zureden, keine Zerstreuung vermögen ihn zu erheitern, die Ruhe allein thut ihm noth und wohl. Bei diesen Kranken ist hauptsächlich darauf zu sehen, dass namentlich im ersten Zeitraume der Schwermuth geistige und körperliche Ruhe verschafft werde. Leider wird in dieser Beziehung vielfach gefehlt und man bemüht sich, den Kranken mit aller Gewalt aus seinem Tiefsinne herauszureissen. Allein gerade in diesem Stadium ist jede Aufregung sehr nachtheilig: auch das viele Zureden und Vordemonstriren ist sehr schädlich und ermüdet den Kranken. Man verschaffe daher dem Kranken vollkommene körperliche und geistige Ruhe, halte alle Reize, bestehen sie nun in angeblichen Zerstreuungen oder Ermahnungen oder religiösen Gesprächen von dem erkrankten Gehirn ab und erinnere sich wohl, dass Einflüsse, die unter normalen Verhältnissen freudige Eindrücke machen würden, nun den psychischen Schmerz nur steigern können. Was die Nahrung betrifft, und zwar im Stadium der Schwermuth, so soll sie im Allgemeinen eine zureichende und substanziöse, aber leicht verdauliche sein, doch hüte man sich vor Ueberfüllung des Magens, weil leicht Verdauungsbeschwerden eintreten, wodurch die Angst und Bangigkeit noch mehr gesteigert werden. Ist aber die Verstimmung bereits stark, sind Wahnvorstellungen und Hallucinationen eingetreten, so ist es dringend nothwendig den Kranken in eine Heilanstalt zu bringen.*) Wenn dies nicht möglich wäre, müsste der Kranke unter eine beständige Aufsicht gebracht und mit der grössten Sorgfalt überwacht werden.

Die pastorelle Therapie besteht im Allgemeinen darin, dass der Seelsorger — wenn er ersucht wird, Beistand zu leisten — durch sein freundliches Benehmen die innigste Theilnahme zeigt, um so das Vertrauen zu gewinnen. Im ersten Stadium des Zustandes bei der beginnenden Verstimmung ist eine kurze und freundschaftliche Unterredung je nach der

---

*) Bei der Uebergabe in eine Heilanstalt ist es wünschenswerth und sehr vortheilhaft, dass ein genauer Bericht über die Entstehung und Entwicklung der Krankheit der Anstaltsdirection gegeben werde.

9*

Beschaffenheit des Zustandes zulässig und angezeigt. Indem die Kranken sich beständig in ihrem Ideenkreise bewegen, ist es nothwendig, auf kluge Weise dem Gespräche eine Wendung zu geben, um womöglich den Kranken von seinen Gedanken abzulenken. Der Schwerpunkt bei diesem Verfahren liegt in der Conversation mit dem Kranken. Man beginne in der unbefangensten Weise, fange die Unterredung mit gleichgiltigen Dingen an, ziehe den Kranken in ein Gespräch, ohne dass er den Zweck dieses Verfahrens merkt. Es soll ja kein Verhör sein. — Am besten ist es, das körperliche Befinden oder den Beruf oder die früheren Lebensschicksale zum Ausgangspunkte zu wählen, dabei Theilnahme zeigen, und sich so das Vertrauen erwerben. — Man lenke das Gespräch auf seine Erlebnisse, Pläne, Wünsche, Stimmung, Intelligenz und Strebungen, auf sociale, politische oder religiöse Fragen. In der Regel, sobald man seinen Wahn berührt, zeigt er sich lebhafter. — Während dieser Unterredung studire man den Blick, Miene und die Geberden und die Haltung des Kranken, auch ist es von Nutzen die Wohnung und Umgebung des Kranken zu beobachten. — Hat man Gelegenheit Einsicht zu nehmen in schriftliche Aufsätze oder Zeichnungen des Kranken, erhält man ohne Zweifel einen richtigen Einblick in den Seelenzustand desselben.

Ferner tröste man den Kranken, indem man mit wenigen Worten ihm Vertrauen auf Gottes Hilfe einzuflössen sucht. Ist der Kranke religiös, kann man ihn öfter besuchen, aber nie soll der Besuch lange dauern; hat er ein Verlangen nach dem Empfange der heiligen Sacramente, ermuntere man ihn zur Liebe Gottes, zur Geduld und verspreche ihm die Gewährung seiner Bitte, wenn sich sein Zustand wird gebessert haben, denn der Melancholiker ist noch weniger disponirt zur Beichte als der Hypochonder; selbst in Betreff des Gebetes dürfte es rathsam sein, ein geringeres Mass zu bestimmen.

In Bezug auf die Behandlung der Maniakalischen ist besonders darauf zu sehen, ob die Manie mit grosser oder geringerer Aufregung, ob sie akut oder chronisch verläuft. Vor Allem ist die Ruhe, Beschränkung und Unterwerfung des Kranken unter einen fremden und verständigen Willen das

Wichtigste. Doch schreite man nicht sogleich zur Sequestration, nicht gleich drohe man mit der Irrenanstalt, besonders nicht bei kurz andauernden Fällen, nicht bei Hysterischen mit Tobsuchtanfällen.

Wenn diese Kranken in Privatpflege zu Hause behandelt werden, so beachte man nachstehende Vorschriften: 1. Die psychische Behandlung beschränke sich auf die Beseitigung schädlicher Gewohnheiten, z. B. der Trunksucht, geschlechtlicher Ausschreitungen u. s. w. Bei Nahrungsverweigerung erweist sich öfter wirksam, indem man scheinbar zufällig Speisen in die Nähe der Kranken bringt, sie wie absichtslos stehen lässt und es ihm so ermöglicht, unbemerkt sich dieselben anzueignen. Man halte fern alle aufregenden Gefühle und behandle den Kranken liebevoll. Ist der Kranke in hohem Grade tobend, schütze man ihn während des Paroxismus, damit er sich nicht verletze, oder man beschränke ihn. Die Beschränkung geschieht durch Isolirung, strenge Aufsicht und durch eine zweckmässige Zwangsjacke. (Da diese Massregeln in den Heilanstalten am besten gehandhabt werden können, ist es immer vortheilhafter, derartige Kranke in eine solche Anstalt zu bringen.) 2. Eine sehr wichtige Vorschrift bei einem rationellen Heilverfahren ist, dass man sich durch eine scheinbare Besserung ja nicht täuschen lasse. Man bedenke wohl, dass die Tobsucht einen längeren Verlauf hat, es treten Intermissionen und Remissionen ein: darum ist es nothwendig, mit der Anwendung der geeigneten Mittel bis zur Genesung fortzufahren.

Die pastorelle Behandlung dieser Kranken bezieht sich auf das Streben, den gehobenen Zustand herabzustimmen, die Wahnvorstellungen zu mässigen oder womöglich zu verdrängen. Die Erfahrung zeigt, dass ein directes Bekämpfen der Wahnideen nicht gelingt, denn der Kranke ist nicht mehr Herr seiner Vorstellungen. Seine krankhafte Stimmung, nämlich sein erhöhtes Muskelgefühl, das Gefühl der inneren Befriedigung und Selbstüberschätzung haben für ihn grössere Beweiskraft als die strengste Logik und die richtigste Beweisführung. Discussionen mit dem Kranken sind umso schädlicher, je lebhafter sie geführt werden, weil sie den Kranken zum hartnäckigsten Widerspruche herausfordern, ihn bestimmen, mit allen Gründen seine Wahnideen zu stützen und mit der grössten Leidenschaftlichkeit festzuhalten.

Wenn aber schon das Entgegentreten mit logischen Gründen nicht rathsam ist, so ist es noch bedenklicher, auf seine Wahnideen einzugehen, weil dadurch dem krankhaften Ideengange Vorschub geleistet wird. Die beste Methode bleibt daher immer, den Wahn des Kranken so viel als möglich unberührt lassen und das allmälige Abschwächen und Erlöschen auf indirectem Wege durch Entziehen alles dessen, was den Wahn nähren könnte. Dahin gehören: die Entfernung des Kranken aus den gewohnten Verhältnissen, alle passenden Zerstreuungsmittel, unter diesen steht oben an die Arbeit. Gelingt es, dem Kranken für eine Beschäftigung Liebe einzuflössen, die jedoch mit seiner Idee in keiner Beziehung steht, so ist das Meiste zu seiner Genesung geschehen.

Kommt nun der Seelsorger in die Lage (was wohl selten geschehen dürfte), bei einem so fortgeschrittenen Stadium der Geistesstörung interveniren zu müssen, so möge er mit steter Berücksichtigung des concreten Falles diese therapeutischen Grundsätze befolgen und sein Vorgehen womöglich auf religiöse Trostgründe stützen. Was die religiösen Uebungen aber anbelangt, muss bemerkt werden, dass die Kranken in diesem Stadium weder geeignet sind, ein formelles Gebet zu verrichten, noch die heiligen Sacramente zu empfangen.

Neunter Vortrag.

Um die mannigfaltigen Störungen auf dem Gebiete des leiblichen und geistigen Lebens zu beseitigen und den normalen Zustand wieder herzustellen, hat der Arzt die geeigneten Mittel zu wählen und dieselben in rationeller Weise anzuwenden. Dass bei den Störungen des psychischen Lebens der Seelsorger durch seinen moralischen Einfluss wesentliche Dienste leisten könne, das haben wir aus dem Inhalte des voranstehenden Vortrages kennen gelernt. Es muss daher den praktischen Seelsorgern dringend ans Herz gelegt werden, diesen Unglücklichen eine besondere Sorgfalt zuzuwenden, sie mit aufrichtiger und herzlicher Theilnahme und Liebe zu behandeln, zumal diese Kranken die Bedauernswerthesten unter allen Leidenden sind, da sie gewöhnlich von ihren Mitmenschen gemieden, von Unbesonnenen verlacht und verspottet werden. Durch eine herzliche Theilnahme gewinnt man am allermeisten das vollste Zutrauen dieser Armen, und damit ist schon viel gewonnen; ja diese Zuneigung ist zu einer erspriesslichen Behandlung absolut nothwendig.

Weil aber, wie bereits nachgewiesen wurde, ein moralischer Einfluss von Seite des Seelsorgers und Hoffnung auf einen günstigen Erfolg nur in den ersten Anfängen der psychischen Krankheiten möglich ist, ja oft durch eine kluge Behandlung ein geringes, bereits vorhandenes Leiden gänzlich gehoben werden kann: so möge der Seelsorger besonders der zarten Jugend die grösste Aufmerksamkeit zuwenden und die bereits angeführten pastorellen Grundsätze befolgen.

Im Beichtstuhle behandle der Priester geistesschwache, sehr ängstliche und besonders hysterische Personen äusserst nachsichtsvoll und mild, er beruhige sie, er fordere aber von ihnen strengen Gehorsam, er gewöhne sie an feste Grundsätze, damit sie nicht noch ängstlicher werden, sich und den Priester mit unnützen und geringfügigen Skrupeln quälen.

Es lässt sich nicht in Abrede stellen, dass der Arzt und der Priester bei der Behandlung der Geistesgestörten eine äusserst schwierige Aufgabe haben, bei allen ihren Reden und Benehmen die grösste Klugheit und Vorsicht anwenden, und eine ausserordentliche Geduld entwickeln müssen. Nicht selten hegt man die besten Hoffnungen auf günstige Erfolge, da tritt plötzlich wieder ein Rückfall ein, und die bereits erfolgte Besserung erhält einen Rückschlag und die Aussicht auf Heilung ist wieder in die Ferne gerückt. Bei dem directen Einwirken auf diese Kranken werden mannigfaltige Kenntnisse erfordert, Milde gepaart mit Entschiedenheit und Strenge muss gehandhabt werden und besonders wird Geistesgegenwart erfordert. Arzt und Priester haben oft mit bedeutenden Schwierigkeiten zu kämpfen und doch — man sollte es nicht für möglich halten — werden häufig die grössten Hindernisse zu einer erfolgreichen Behandlung von Seite der Umgebung des Kranken gelegt. Es gibt Personen, die in ihrem Unverstande unmittelbar oder entfernt einen nachtheiligen Einfluss auf diese Kranken nehmen und dadurch den Heilungsprocess sehr häufig vereiteln.

Da der Seelsorger in Vereinigung mit dem Arzte durch seinen moralischen Einfluss auf die Familie und die Gemeindeglieder so manches Unheil abzuwenden im Stande ist, sollen in dieser Abhandlung jene Grundsätze aufgestellt werden, die er in seiner Pfarrgemeinde nach Kräften durchzuführen bemüht sein soll, und durch welche er auf Eltern, Lehrer, Erzieher und Gemeindevorsteher einwirken kann, dass Alle bei diesem Rettungswerke gemeinnützig zusammenwirken: denn hier müssen alle pädeutischen Factoren in gleicher Weise thätig sein.

Wenn auch auf der Höhe der psychischen Krankheiten den therapeutischen Leistungen enge Grenzen gezogen sind, so steht doch die Psychiatrie einer erhabenen Aufgabe gegenüber, insoferne sie die Prophylaxe solcher Krankheiten kennen lernt und übt.

Wir haben die verschiedenen Ursachen bereits kennen gelernt, aus denen sich Irrsein entwickelt. Viele dieser sind vermeidbar. Es ist Sache der Gesellschaft, wie des Einzelnen, den wirksamsten derselben, unter denen nur Vererbung durch Zeugung, sexuelle und Alkohol-Excesse genannt werden mögen, vorzubeugen. Häufig ist der Arzt, aber auch der Seelsorger in der Lage, Individuen, die durch belastende Momente ihrer Erzeuger eine Disposition zu solchen Krankheiten auf ihren Lebensweg mitbekommen haben, vor der drohenden Erkrankung zu bewahren.

Die Prophylaxe hat hier eine schöne und dankbare Aufgabe. Ist ja doch die Disposition noch keine Krankheit und steht es im Bereiche der Möglichkeit, durch Abschwächung jener und Hervorrufung einer grösseren Widerstandsfähigkeit gegen krankmachende Einflüsse oder Vermeidung dieser das Unglück zu verhüten. Die Erziehung und Behandlung solcher neuropathischer oder sonstwie belasteter Kinder hat Folgendes zu beachten: die Hygiene muss schon im Säuglingsalter beginnen. Solche Kinder dürfen nicht aufgefüttert, aber auch nicht von der Mutter, deren neuropathischer, anaemischer Körper schlechte Nahrung liefert, gestillt werden. Wenn immer möglich, verschaffe man ihnen eine geistig und körperlich intakte Amme und lasse sie von dieser mindestens bis zum Ende des neunten Monates stillen.

In der gefährlichen Zeit der ersten Dention sei man besonders streng mit allen hygienischen Vorschriften zur thunlichen Vermeidung der hier so häufigen und gefährlichen Hirnhyperämien und Convulsionen. Früh schon härte man die Kinder durch kalte Waschungen, Aufenthalt in freier Luft ab. Eine kräftige, reizlose Kost. bei Vermeidung von Kaffee, Thee und Spirituosen, ist geboten. Nicht früh genug kann der Entwickelung des Gemüthes und der Bildung des Willens Aufmerksamkeit geschenkt werden. Die Kinder sollen bei Zeiten angeleitet werden, das sittlich Gute anzustreben und zu üben, das Böse aber zu verabscheuen und zu meiden; es soll ihnen das Sittengesetz als der Wille Gottes, den alle Menschen zu erfüllen haben, dargestellt, und die Anwendung im Concreten gezeigt werden. Es muss die Anregung des Gemüthes, durch die Weckung und Stärkung der entsprechenden Gefühle geschehen und auf die Entscheidung des Willens eingewirkt und so das Sittengesetz lebendig gemacht werden.

Wird dies übersehen oder vernachlässigt, so kann sich allmälig der auf dem Gebiete der Geistesstörungen schrecklichste Zustand des 'moralischen Irrsinns' entwickeln. — Das moralische Irresein, behauptet ein hervorragender Psychiater, ist nicht als eine 'Form' von Geisteskrankheit, sondern als eine eigenthümliche, individuelle Entartung auf psychischem Gebiete anzusehen. Es besteht in einer Reihe krankhafter Erscheinungen, in welchen schwere Anomalien der Gefühle vorherrschen. Die besonderen Kennzeichen sind: Gemüthslosigkeit und Mangel an sittlichem Gefühl überhaupt und das Fehlen der ethischen Begriffe und Urtheile. — Gesteigert wird dieser Zustand durch Perversitäten des Fühlens und Strebens, ja die so Entarteten werden instinctiv zur Verwirklichung des Schlechten getrieben, sie haben keine Erkenntnis ihrer moralischen Verworfenheit, selbst auf die ernstesten Vorstellungen hin schweigt das Gewissen.

Krafft-Ebing schildert den Zustand des moralischen Irrsinns in treffender Weise: 'Diese unglücklichen Menschen sagt er, werden unfähig, auf die Dauer in der Gesellschaft sich zu halten und werden zu Candidaten des Arbeits-, Zucht- und Irrenhauses, welche Aufenthaltsorte sie endlich erreichen, nachdem sie als Kinder bei ihrer Faulheit, Lügenhaftigkeit, Gemeinheit der Schrecken der Eltern und Lehrer, als junge Leute bei ihrem Hang zur Vagabondage, Verschwendung, Excessen,

Diebstählen der Schrecken der Familien, die Plage der Gemeinden und Behörden gewesen waren, um endlich die Crux der Irrenanstalt und die Unverbesserlichen der Strafhäuser zu werden."

Eltern. Lehrer und Pädagogen überhaupt sollen sich zur strengen Aufgabe machen, die Kinder frühzeitig an Gehorsam zu gewöhnen, sie sollen bemüht sein das Gemüth derselben zu wecken und zu pflegen; sie sollen leidenschaftliche Aufwallungen ebensowenig als Empfindsamkeit aufkommen lassen, und sehr angezeigt ist es, Ruhe und Selbstbeherrschung den Wechselfällen des Lebens gegenüber herbeizuführen.

Manche veranlagte Kinder zeigen eine abnorme intellectuelle Entwickelung. Entweder ist sie eine präcipitirte — hier gilt es zurückhalten, oder sie ist eine verlangsamte — hier ist Geduld nöthig. Jede Anstrengung des Gehirns ist zu vermeiden. Man schicke solche Kinder erst etwas später zur Schule und, da die geistige Anstrengung nichts für sie taugt, erwähle man bei Zeiten für sie einen mehr bürgerlichen oder technischen Beruf, wodurch die Gefahren des Gymnasiums und einer späteren sitzenden, geistig überangestrengten Thätigkeit vermieden werden.

Sind die Eltern verschrobene, hypochondrische oder hysterische Individuen, so ist es besser, wenn das Kind nicht im elterlichen Hause erzogen wird und damit vor der Gefahr einer verfehlten Erziehung geschützt bleibt. Die Erziehung in Pensionaten passt nicht für solche Kinder und zwar aus verschiedenen Gründen: Diese Kinder bedürfen fortwährend einer besonders sorgfältigen Aufmerksamkeit und Behandlung; ferner würden sie im Zusammenleben mit vielen anderen Kindern das Werk der Erziehung vielfach stören u. s. w. Am besten ist eine Erziehung im Hause eines Pädagogen oder eines Geistlichen auf dem Lande.

Auf etwaige Verirrungen des Geschlechtstriebes, der sich bei solchen Individuen vielfach abnorm früh und excessiv regt, ist besonders zu achten. Alles, was somatisch oder psychisch der Entwicklung der sexuellen Sphäre Vorschub leistet, ist sorgfältig hintanzuhalten. Einer ganz besonderen ärztlichen Ueberwachung bedürfen veranlagte Individuen in der für sie so gefährlichen Pubertätszeit, wie überhaupt in allen physiologischen Lebensphasen. Die geringfügigste, hier auftretende somatische Krankheit kann das Irresein zum Ausbruche bringen.

In psychischer Beziehung ist besonders das Lesen von Romanen aller Art, ferner eine übertriebene und schwärmerische Hinneigung zu excentrischen religiösen Uebungen gefährlich. Bei männlichen Individuen mindert frühe Heirat die Gefahr der Erkrankung, bei weiblichen ist die Verehelichung erst nach erreichter körperlicher Reife wünschenswerth. Es besteht sonst die Gefahr, dass Schwangerschaft und Puerperium einen nicht genügend entwickelten, unkräftigen Körper vorfinden und Irresein hervorrufen.

Auf der Höhe des Lebens wird ein passend gewählter, d. h. nicht aufregender Lebensberuf, der nicht den Wechselfällen des Geldmarktes und des Handelslebens aussetzt, der Bewahrung des stabilen Gleichgewichtes der geistigen Functionen förderlich sein. Dabei muss eine der Natur angepasste, mässige, Missbrauch von Genussmitteln vermeidende, den Functionen der Verdauungsorgane Rechnung tragende Lebensweise eingehalten werden.

Diese, von dem ausgezeichneten Psychiater Dr. R. v. Krafft-Ebing aufgestellten prophylactischen Grundsätze sind für Aerzte, Eltern, Pädagogen und ebenso für Seelsorger von ausserordentlichem Werthe. Diese praktischen Winke, die sowohl auf wissenschaftlicher Basis beruhen, wie auch aus einer vieljährigen Erfahrung abstrahirt sind, zeigen an, wie Diejenigen, welche berufen sind, bei dem hochwichtigen Geschäfte der physischen und psychischen Erziehung zu, interveniren, ihre besondere Aufmerksamkeit den subjectiven Zuständen mancher Individuen zuwenden und frühzeitig jene Massregeln ergreifen sollen, durch deren richtige Anwendung Personen, die eine Disposition zu Psychosen haben, geschützt und gerettet werden können.

Es ist selbstverständlich und ausser Zweifel gestellt, dass die geeignetste und competenteste Persönlichkeit auf diesem

Gebiete der Arzt ist, der, ausgerüstet mit medicinischen und speciell psychiatrischen Kenntnissen, wenn er frühzeitig zu Rathe gezogen wird, manches Unglück abwenden und zum Heile der Familien viel Gutes stiften kann. Soll aber das Werk der Rettung gelingen, so muss er bemüht sein, auf jene Factoren einzuwirken, welche bei diesem Werke mit thätig sind oder wenigstens sein sollen, und diese sind in erster Linie die Eltern, der Lehrer und selbst die Gemeindeglieder. Der Grund dafür ist der, weil von diesen Seiten, wie ich sogleich zeigen werde, sehr häufig die gröbsten Fehler begangen und das gut angelegte Heilverfahren für immer zerstört werden kann. Allerdings kann und muss die Frage gestellt werden, ob und inwiefern der Arzt auf diese Factoren einen Einfluss nehmen kann? In den Städten und sehr bevölkerten Ortschaften wird der einzelne Arzt nur eine summarische Kenntnis der Gemeinden sich erwerben und nur einzelne Familien in ihren einzelnen Gliedern genauer kennen, denen er vielleicht wiederholt ärztliche Hilfe geleistet hat. Anders aber gestaltet sich seine Stellung in den kleineren Dörfern, auf dem flachen Lande oder im Gebirge, da kann er in kurzer Zeit eine genaue Kenntnis der Orts- und Personenverhältnisse sich verschaffen und so auf die massgebenden Persönlichkeiten einen heilsamen Einfluss ausüben, entweder um Uebelstände abzustellen oder prophylactische und therapeutische Mittel anzuwenden und durchzuführen, die geeignet sind psychischen Krankheiten vorzubeugen, oder um bereits Geistesgestörte zu schützen und womöglich zu heilen.

Nicht nur der Arzt, sondern auch der Seelsorger ist bei seiner überaus wichtigen Stellung in der Lage, durch seinen moralischen Einfluss dahin zu wirken, dass die zuvor angeführten prophylactischen Grundsätze durchgeführt und das eingeleitete Heilverfahren Geistesgestörter nicht vereitelt werde. Der Seelsorger, besonders wenn er an einem Orte durch mehrere Jahre gewirkt und das vollste Vertrauen der Gemeinde sich erworben hat, gelangt nach und nach zu einer genauen Kenntnis der Gemeinde im Allgemeinen und der einzelnen Familienglieder im Besonderen. Als tüchtiger Pädagog hat er vielfach Gelegenheit, beim Unterrichte der Kinder in der Schule die intellectuelle und moralische Beschaffenheit des Einzelnen kennen zu lernen: bei der Verwaltung des Busssacramentes kann er einen tiefen Einblick machen in das Seelenleben der Kinder und der Erwachsenen und erlangt häufig von den sittlichen Gebrechen Kenntnis, die zumeist Ursachen der Geistesstörungen sind. Bei verschiedenen Anlässen, z B. Krankenbesuch, gewinnt er einen Einblick in die Zustände der Familie, und zwar in sanitärer, moralischer Beziehung und oft auch in Betreff der Vermögensverhältnisse. Die Kenntnis dieser mannigfachen Zustände und Verhältnisse wird er bei der prophylactischen und therapeutischen Behandlung zur Richtschnur nehmen müssen. Vielfach Gelegenheit ist dem Seelsorger geboten bei der Verwaltung des kirchlichen Lehramtes, bei den Standesunterweisungen, bei dem Unterrichte für Brautleute, in pastoralkluger Weise die Leute aufmerksam zu machen, wie sie bei dem sehr wichtigen Geschäfte der Erziehung der kleinen Kinder und der heranwachsenden Jugend sorgfältig, wachsam und gewissenhaft sich verhalten sollen.

Der eifrige Seelsorger wird sich alle Mühe geben, auf diesen ersten und wichtigen Factor bei der Erziehung auf die Eltern einzuwirken. Ein anderer und einflussreicher Factor ist der Lehrer, dessen Aufgabe es ist, nach didactisch-pädagogischen Grundsätzen die Jugend heranzubilden und zu erziehen. Er hat noch mehr Gelegenheit als der Priester, die Kinder bezüglich ihrer intellectuellen Anlagen und Fähigkeiten kennen zu lernen, ferner ihre Gemüthsstimmung, ihre Charakteranlage, ihr Benehmen unter verschiedenen Situationen zu beobachten und kann sich auf diese Weise ein ziemlich richtiges Urtheil von dem subjectiven Zustande der einzelnen Kinder bilden. Da Priester und Lehrer die gleich wichtige Aufgabe haben, die Menschen zu veredeln, sie zu bilden, um sie für ihre diesseitige und ewige Bestimmung tauglich zu machen, so ist es nicht nur wünschenswerth, sondern absolut nothwendig, wenn die Erziehung gedeihen soll, dass Beide harmonisch zusammenwirken. Der wahrhaft fromme, gebildete und bescheidene Priester wird durch sein freundliches Entgegenkommen, durch seine getreue Pflichterfüllung die Achtung von Seite des Lehrers sich erwerben und an ihm eine sichere Stütze erhalten bei der Behandlung solcher Kinder, die eine Anlage zu einer Seelenstörung zeigen. Durch die Stellung, welche der Seelsorger in der Gemeinde einnimmt, kann es öfter geschehen, dass er auf die Vorsteher und Leiter der Gemeinde einen wohlthätigen Einfluss gewinnt, und sie durch seine gemeinnützigen weisen Rathschläge veranlasst, dass sie für die Durchführung hygienischer Vorschriften Sorge tragen, bei eventuellen Geistesstörungen einzelner Personen die geeigneten und nothwendigen Dispositionen treffen, und wenn in einer Gemeinde solche Uebelstände vorkommen, die leicht Ursachen psychischer krankhafter Zustände werden können, dieselben abzustellen trachten.

Indem nun der Seelsorger bemüht ist, auf die Eltern, Lehrer und Gemeindevorsteher einzuwirken, um entweder die Gefahr der Seelenstörung bei veranlagten Personen durch gemeinschaftliches Zusammenwirken abzuwenden oder wirklich Erkrankte zu retten, dürfte es sehr zweckdienlich sein, auf die mannigfaltigen Fehler, die häufig begangen werden, aufmerksam zu machen, denen zufolge Geistesstörungen zum Ausbruche kamen oder bereits entstandene unheilbar geworden sind.

Ich nehme zuerst Rücksicht auf die Uebelstände, die in manchen Familienkreisen herrschen und auf Fehler, die daselbst begangen werden. Der Einblick in die Zustände mancher Familien zeigt uns, dass die Eltern häufig die Schuld tragen an der Entstehung und an dem ungünstigen Verlaufe der psychischen Krankheiten ihrer Kinder. Ich war nicht selten Zeuge von dem rohen und herzlosen Benehmen mancher Eltern gegen das eine oder andere ihrer unglücklichen Kinder. Es kommt öfter vor, dass unter den Kindern einer Familie ein Kind schon von der Geburt an in der physischen Entwicklung sehr zurückgeblieben und verkümmert ist, dass ferner mit dieser körperlichen Verkümmerung zugleich eine ganz geringe Anlage zu einer Geistesbethätigung verbunden ist. Solche unglückliche Geschöpfe, die an und für sich höchst bedauernswerth sind, verdienten wohl die zarteste Berücksichtigung und liebevollste Behandlung von Seite der Eltern, weil die Aermsten durch ein sanftes und herzliches Benehmen ihrer Umgebung das Unglück leichter ertragen würden, und weil durch grosse Nachsicht, durch Geduld und durch ein vernünftiges Einwirken auf dieselben sowohl die körperliche Entwicklung gefördert würde als auch die Seelenkräfte — wenn auch langsam — aber doch einigermassen sich entfalten würden.

Nun aber lehrt die Erfahrung, dass häufig unverständige und herzlose Eltern ein solches Kind vernachlässigen, verkürzen, bei jeder Gelegenheit es kränken, ja beschimpfen und sogar misshandeln. Eine solche Behandlung ist unverantwortlich und vom Standpunkte der Menschlichkeit unbegreiflich! Die natürliche Folge davon ist, dass solche Kinder verschlossen, widerspänstig und boshaft werden. Indem ihnen die nothwendigste körperliche Pflege versagt, wenig und schlechte Nahrung geboten wird, da dieselben oft in einen dumpfen Raum eingeschlossen werden, in Schmutz und Unrath förmlich ersticken, muss die ohnehin äusserst geringe Lebenskraft aufgezehrt werden. Mit der Verkümmerung des Leibes wird die Möglichkeit der Bethätigung des Seelenlebens genommen.

Allerdings wäre es Aufgabe und Pflicht der Gemeindevorstehung, in deren Bereich die Obsorge und Pflege der sanitären Zustände gehört, mit aller Entschiedenheit einzuschreiten und derartige Uebelstände abzustellen. Allein in der Regel ist es schon zu spät, wenn von dieser Seite etwas unternommen wird; die Verschlimmerung der physischen und psychischen Krankheit hat bereits solche Dimensionen angenommen, dass von einer Heilung gar keine Rede mehr sein kann, und die ganze Thätigkeit der Gemeindevorsteher reducirt sich in diesem Stadium nur mehr auf die Unterbringung der armen Geschöpfe in einer Versorgungsanstalt.

Würde frühzeitig und in vernünftiger Weise eingewirkt worden sein auf physische und psychische Entwicklung dieser armen Kinder, so würde ohne Zweifel in den meisten Fällen, wenn auch nicht eine gänzliche Heilung — doch eine bedeutende Besserung erzielt worden sein. Darum möge der Seelsorger, und zwar im Vereine mit dem Arzte, bei Zeiten auf die Eltern, die vom Unglücke getroffen sind, ein geistesschwaches Kind zu besitzen, einwirken. Der Priester wird mit seinem moralischen Einflusse die Eltern zu bewegen suchen, dass sie dieses Kind mit der grössten Sorgfalt pflegen. Sind die Eltern in gedrückten, ärmlichen Verhältnissen, wird er sie nach Kräften und mit Zuhilfenahme der mildthätigen Mitwirkung anderer Personen materiell unterstützen, oder, was noch besser wäre, das Kind in die Pflege von verlässlichen Personen geben. Der Priester wird ferner mit allem Ernste auf die Eltern einwirken, dass sie das Kind mit aller Schonung, Geduld und Liebe behandeln und besonders darauf sehen, dass die übrigen Kinder der Familie, Hausgenossen und Dienstpersonen alles vermeiden, was das kranke Kind reizen, aufregen oder kränken könnte. Der Priester wird dem Kinde sein Wohlwollen bei jeder Gelegenheit kundgeben, er wird demselben in freundlicher Weise zureden, es aufmuntern, hie und da ermahnen und stets in Schutz nehmen. Dadurch gewinnt er das ganze Zutrauen des armen Geschöpfes und er kann versichert sein, dass seine Mühe nicht vergeblich ist, denn das Kind erkennt ja in dem Priester den besten Freund und Beschützer, dem es auch Gehorsam leisten wird. Der Arzt wird gewiss das edle Streben des seeleneifrigen Priesters nach Kräften fördern.

Ein anderer Factor, der auf dem Gebiete der Seelenheilung durch einträchtiges Mitwirken den Seelsorger erfolgreich unterstützen kann, ist der Lehrer, der bei der Ertheilung des Unterrichtes und bei der Handhabung der Schuldisciplin ausserordentlich viel beitragen kann, Kinder, die in der Gefahr sind geistesgestört zu werden, zu retten. Findet der Lehrer nämlich unter den Schulkindern solche, die in der körperlichen oder geistigen Entwicklung bedeutend zurückgeblieben sind, bei denen sich eine auffallende Geistesschwäche zu erkennen gibt, die gewöhnlich auch sehr timider Natur sind, so wende er diesen eine besondere Aufmerksamkeit zu. Er forsche nach und bespreche sich mit dem Seelsorger, ob nicht vielleicht in der Familie, der diese Kinder angehören, prädisponirende Momente zu Psychosen vorhanden sind. Priester und Lehrer sollen dem geistesschwachen Kinde beim Unterrichte recht behilflich sein,

mit den geringsten Leistungen derselben ihre volle Zufriedenheit zeigen, sie aufmuntern zum Fleisse und ermuthigen. In
pädagogischer Beziehung sollen Priester und Lehrer besonders
dafür Sorge tragen, dass geistesschwache Kinder, die gewöhnlich muthwilliger Weise von anderen Kindern geneckt werden
und oft die Zielscheibe des Spottes sind, von den Mitschülern,
wie auch von den Erwachsenen liebevoll und sanft behandelt
werden. Leider muss constatirt werden, dass in dieser Beziehung vielfach gefehlt wird, von Kindern sowohl wie von erwachsenen Leuten, die nicht bedenken, welch' enormen
Schaden sie durch unüberlegte Handlungen anrichten. Es
sollen daher Priester und Lehrer und die Vorsteher der Gemeinden mit aller Strenge dafür sorgen, dass die armen Geschöpfe geschützt und durch geeignetes Heilverfahren gerettet
werden.

Aus der bisherigen Darstellung der pastorellen Therapie
der Geistesgestörten dürfte zur Genüge hervorgehen, dass der
Priester als Seelsorger einen heilsamen Einfluss sowohl auf
den Kranken selbst, wie auch auf dessen Umgebung ausüben
kann. Es kann aber im Verlaufe der Krankheit ein Stadium
eintreten, wo man den Angehörigen des Kranken die Uebersiedlung desselben in eine psychiatrische Anstalt nicht nur
anrathen, sondern dieselbe entschieden verlangen muss. Dieser
Fall kann eintreten: wenn der Kranke den ärztlichen Anordnungen nicht mehr Folge leisten will, ferner wenn er gegen
sich selbst nachtheilige Handlungen unternimmt oder seiner
Umgebung gefährlich wird, dann überhaupt, wenn unter der
eingeleiteten Behandlung nicht bald ein Stillstand oder ein
Nachlass der Symptome eintritt, aus welchen auf eine Besserung
geschlossen werden kann, wenn vielmehr eine Verschlimmerung
sich geltend macht. Die Bestimmung der geeigneten Zeit
muss aber dem praktischen Tacte des Arztes überlassen werden,
der im einzelnen Falle den richtigen Moment ausfinden wird;
nur möchte ich hinweisen auf die Erfahrung, die von allen
psychiatrischen Aerzten gemacht wird, dass von der früh-
zeitigen Uebersiedlung in der Anstalt oft der ganze Curerfolg,
ja die ganze Zukunft des Kranken abhängt.

Die Durchführung dieses Vorhabens ist aber häufig mit grossen Schwierigkeiten verbunden, da gegen diese Anstalten unter dem gebildeten und ungebildeten Publikum meistens eine grosse Abneigung besteht, und diese Anstalten von Vielen sogar perhorrescirt werden. Ich habe bei diesen Vorträgen zu wiederholten Malen hingewiesen auf die sehr zweckmässige Einrichtung dieser Anstalten in unserer Zeit, und auf die vortreffliche Leitung derselben aufmerksam gemacht. Daher soll im vorkommenden Falle, wo es sich um die Nothwendigkeit der Transferirung eines Kranken in die Irrenanstalt handelt, der Seelsorger seinen Einfluss auf die Angehörigen des Kranken geltend machen, dadurch erleichtert er die schwere Aufgabe des Arztes und handelt vortheilhaft im Interesse des Kranken.

Wenn der Seelsorger in dieser heiklichen Angelegenheit den Arzt unterstützen soll, dürfte es angezeigt sein, den Priester bekannt zu machen mit den mannigfaltigen Schwierigkeiten, gegen welche Priester und Arzt zu kämpfen haben, um dieselben leichter überwinden zu können. — Die Einwendungen, welche gegen die Transferirung des Kranken in eine Heilanstalt gewöhnlich erhoben werden, sind folgende:

Man spricht von der Schande, welche dadurch der Familie, dem Kranken entsteht, wenn es bekannt würde, dass er in einer Irrenanstalt sei, ferner von den Gefahren, die dem Geschäfte, welches der Kranke bisher besorgt hat, durch seine Entfernung und besonders durch seine Irreseins-Erklärung bevorstehen.

Ferner tritt nicht selten die Rücksicht der Angehörigen auf den Kranken selbst hindernd entgegen. Man befürchtet, er werde, umgeben von lauter Irrsinnigen, in einer Anstalt noch verkehrter und schlimmer werden, er werde den Verstand ganz verlieren; er werde seine Angehörigen falsch beurtheilen, sie für lieblos halten, sich von ihnen ganz abwenden und es ihnen nie vergessen, dass sie ihn in eine Irren-Anstalt gebracht haben.

Auch die verkehrte Liebe macht sich meistens geltend. Man will den Kranken nicht von sich geben, ihn nicht fremden

Leuten überlassen, ihn namentlich nicht einer Irrenanstalt übergeben, wo ihm allerlei Missstände, schlechte Behandlung von Seite der Aerzte und des Wartepersonals drohen; wo er keine gute Pflege, Wartung, Kost und Behandlung hat, ihm im Gegentheil alle Qualen bereitet werden, ohne welche sich heutzutage das Publikum keine Irrenanstalt mehr denken kann. Schliesslich wird der Kostenpunkt in Anschlag gebracht und tritt der Ausführung hindernd entgegen: die Angehörigen finden sich nicht in der Lage, die Kosten aufzubringen, welche die Verpflegung in einer Anstalt erfordern. Die Gemeinde hat eine Reihe von Ausgaben zu bestreiten, hat vielleicht schon mehrere Kranke in der Anstalt, und die Gemeinde-Vertretung schiebt den Vorschlag des Arztes zurück.

Alle diese Hindernisse muss der Arzt durch Belehrung der Angehörigen zu beseitigen suchen und dann mit Entschiedenheit auf der Durchführung seines Vorschlages bestehen. Der Seelsorger, ausgerüstet mit psychiatrischen Kenntnissen, wird mit seinem moralischen Einflusse Alles aufbieten, um den Arzt kräftigst zu unterstützen. Bei kluger Darstellung: dass der Kranke nur in einer solchen Anstalt schnell und sicher von seiner Seelenstörung befreit werden könne, dass im anderen Falle aber die Krankheit sich verschlimmere und endlich in unheilbaren Blödsinn übergehen müsse, werden doch gewöhnlich alle Vorurtheile der Angehörigen widerlegt. Auch selbst die finanziellen Gründe der sparsamsten Verwaltungsbeamten, weichen vor dieser Deduction zurück; denn es bleibt nicht aus, dass später die Verpflegung des unheilbar gewordenen Kranken auf Lebenszeit nothwendig wird, wo jetzt ein kurzer Aufenthalt in der Anstalt genügt, und dadurch der Gemeinde grosse Kosten erspart hätte.

Die ausserordentlichen Vortheile, welche die psychiatrischen Anstalten gewähren, hat schon im sechzehnten Jahrhundert der heilige Johann von Gott, der Stifter des Ordens der ‚Barmherzigen Brüder‘, erkannt. Er hat in dem grossartigen Hospital in Granada eine eigene Abtheilung für Geistesgestörte bestimmt, deren Behandlung er sich ausschliesslich vorbehalten hat. Die Einrichtung der Anstalt war ganz zweckent-

sprechend: diese war getrennt von dem Hause der übrigen
Kranken, in einem grossen Garten gelegen mit geräumigen
Localen; die Methode der Behandlung war die rationellste.
Seine Biographien erzählen, er habe sich unter den Kranken
beständig aufgehalten, habe mit ihnen gebetet, sei mit ihnen
im Garten umhergegangen, habe sie mit der grössten Sanftmuth
und Geduld behandelt, und verschiedene Arbeiten vor ihren
Augen verrichtet; anfänglich sahen sie nur zu, dann machten
sie selbst Versuche, und so brachte er ihnen Lust zur Arbeit
bei. Allerdings gab es unverständige Menschen, die den Heiligen
wegen seiner innigen Liebe zu den Irren und wegen seines beständigen Umganges mit denselben selbst für einen Irren hielten.
Allein seine Erfolge waren staunenswerth, und was noch
höher anzuschlagen ist, die Methode der psychischen
Behandlung, die er angewendet hat, kam nach
vieljährigen Verirrungen erst in unserer Zeit zur
Geltung.

Zehnter Vortrag.

Wie der Arzt bei den rein physischen Krankheiten aus dem Verlaufe der Krankheit und aus der Beschaffenheit der einzelnen Entwickelungsstadien sich ein ziemlich richtiges Urtheil bilden kann, ob Zeichen einer anzuhoffenden Wiedergenesung vorhanden sind, und er in der Lage ist eine Prognose zu stellen; so gilt dies — wenn auch vielleicht mit geringerer Sicherheit — von den psychischen Krankheiten. Ich sage vielleicht mit geringerer Sicherheit, weil auf diesem dunklen Gebiete oft ganz überraschende Störungen eintreten, welche die gehegten Hoffnungen vereiteln.

Der Arzt wird öfter veranlasst eine Prognose zu stellen, sei es, dass die Angehörigen des Kranken den Ausgang der Krankheit zu wissen wünschen, oder dass er von den Behörden aufgefordert wird, ein wissenschaftliches Gutachten abzugeben. Darum muss in der Psychiatrie der Prognostik eine specielle Aufmerksamkeit zugewendet werden. Es dürfte aber auch für den Seelsorger von grossem Interesse und sehr vortheilhaft sein, aus den Resultaten der wissenschaftlichen Forschungen und den zahlreichen Erfahrungen der psychiatrischen Aerzte jene Kriterien kennen zu lernen, aus welchen man auf einen günstigen oder ungünstigen Ausgang der krankhaften Zustände Geistesgestörter schliessen kann.

Meine Aufgabe besteht daher bei diesem Schlussvortrage darin, zuerst eine allgemeine Prognostik zu stellen,

dann aber mit Rücksicht auf einzelne Krankheitsformen
anzugeben, ob und welche Aussicht auf Besserung oder Wiedergenesung vorhanden ist.

Der berühmte Irrenarzt Dr. Krafft-Ebing schreibt:
„Nur selten werden wir in der Lage sein, die Prognose mit
voller Sicherheit zu stellen, meist uns nur mit einer an Gewissheit grenzenden Wahrscheinlichkeit begnügen müssen. Die
Stellung der Prognose kann sich beziehen auf die Wahrscheinlichkeit der Erhaltung des Lebens, der Wiedergewinnung der
psychischen Gesundheit, der Recidive der Krankheit und der
Vererbung derselben.‘

Was die Prognose des Irreseins im Ganzen anbelangt,
so ist anzunehmen, dass nur ein Bruchtheil der Erkrankten
nach statistischen Berichten völlig hergestellt wird und
dass die Sterblichkeit bei Irren fünfmal grösser ist als bei der
erwachsenen geistesgesunden Bevölkerung. Wenn aber die
Frage aufgestellt wird, ob im gegebenen Falle eine Heilung
zu erwarten sei oder nicht, ob die Psychose den Tod herbeiführen werde, muss zur richtigen Beantwortung derselben Rücksicht genommen werden auf die Dauer und den Verlauf
der Störung, auf die Symptome und die individuellen
Verhältnisse des Kranken.

Bezüglich der prognostischen Bedeutung von Dauer und
Verlauf der Psychosen gilt im Allgemeinen, dass frische
Fälle und solche, bei denen die Störung plötzlich oder doch
rasch ausgebrochen ist, am meisten Aussicht auf Heilung
bieten, dass aber veraltete, chronische Fälle und langsam entstandene Erkrankungen äusserst selten eine Hoffnung auf
Genesung gewähren. Sehr viel kommt hiebei auf die Behandlung des Kranken an; wird derselbe bei Zeiten in eine Heilanstalt gebracht, so wird, wie die Erfahrung vielfach lehrt,
der Verlauf ein kürzerer sein, während bei der Privatpflege.
namentlich in gefährlicheren Fällen, der Heilungsprocess langsam
vor sich geht und sehr problematisch ist. Allerdings ist in
manchen Fällen auch bei gewissen Formen schon von vorne-
herein, auch wenn der Beginn ein rascher war, die Prognose
schlimmer (z. B. bei delirium acutum), andererseits wird Ge-

nesung noch bei inveterirten, wie bei langsam zur Entwicklung gekommener Geistesstörung beobachtet.

Günstig ist ein mässig remittirender Verlauf und ein bestimmter Wechsel im Charakter des Krankheitsbildes (Genesung durch Reaction); weniger günstig ist ein continuirlicher Gang des Leidens durch längere Zeit. Alle plötzlichen, bedeutenden Remissionen sind bei Psychosen von einiger Dauer verdächtige Erscheinungen; periodischer, circulärer und progressiver Verlauf schliessen Hoffnung auf complete Restitution so gut wie immer aus.

Der zuvor erwähnte Psychiater hat sich bezüglich der Dauer der Geistesstörungen folgendermassen ausgesprochen: ‚Hier gilt unbestritten der Satz‘, sagt er, ‚dass, je länger die Dauer ist, umso ungünstiger die Vorhersage wird. Die Heilbarkeit steht so ziemlich im umgekehrt proportionalen Verhältnis zur Krankheitsdauer. Die häufigsten Genesungen (bis zu 60 Percent) werden in den ersten Monaten der Krankheit erzielt, im zweiten Halbjahre kommen nur mehr etwa 25 Percent und im zweiten Jahre nur noch 2 bis 5 Percent Genesungen vor. Eine absolute zeitliche Grenze der Heilbarkeit lässt sich übrigens nicht feststellen. Es gibt sogar seltene Fälle, wo nach vieljähriger Krankheitsdauer durch tief eingreifende, zufällige, somatische Erkrankungen, z. B. Typhus, Cholera u. s. w., Genesung eintrat.‘

Zu denjenigen Bedingungen und Verhältnissen, unter deren Einfluss Irresein häufiger entsteht, zählt man auch die ätiologischen Momente, die von Aussen an den Menschen herantreten, und solche, die in ihm selbst gelegen sind und äussere oder innere Ursachen genannt werden. Von den ätiologischen Momenten und individuellen Verhältnissen des Kranken, welche die Prognose beeinflussen, ist zunächst das Lebensalter zu nennen. Bei jugendlichen Individuen ist ungleich mehr Hoffnung auf Genesung vorhanden als bei Personen im vorgerückten Alter. Wie aber gewisse Kinderpsychosen und Irreseinsformen zur Zeit der Pubertät prognostisch ungünstig sind, so können zumal bei Frauen — allerdings sehr selten — noch im höheren Lebensalter entstandene Psychosen heilen. Was weiterhin das Geschlecht anbelangt, so ist entschieden das weibliche vor dem männlichen Geschlechte bevorzugt. Diese Erscheinung hat hauptsächlich seinen Erklärungsgrund darin, dass die Centralorgane beim männlichen Geschlechte stärker zur Degeneration hinneigen, d. h. unheilbare Schwächezustände häufiger nach primären Psychosen zurückbleiben, ferner dass zur progressiven Paralyse ganz vorzugsweise männliches Geschlecht prädisponirt, während bei Frauen gewisse ätiologische Irreseinsformen, die eine günstige Prognose zulassen, häufig oder ausschliesslich vorkommen, z. B. Geistesstörung aus Anaemie, Hysterie, zufolge von Gravidität, Puerperium, Lactation u. s. w.

Von sehr grosser Bedeutung ist in dieser Beziehung, wenn es sich um eine Prognose handelt, ob die Krankheit durch Ungunst zufällig zur Geltung gelangter ursächlicher Momente entstanden ist, oder ob sie in der ganzen Constitution veranlagt, auf dem Boden einer erblichen oder sonst wie entstandenen Belastung wurzelt. Die erbliche Prädisposition zum Irresein trübt die Prognose entschieden, wenn sie sich schon frühzeitig und continuirlich in allerhand auffälligen Abweichungen, Sonderbarkeiten des Fühlens und Vorstellens, des Charakters zu erkennen gibt, wenn das Irresein schliesslich als eine Steigerung dieser habituellen Anomalien erscheint. Umgekehrt ist die Prognose günstig, wenn die hereditäre Anlage nur schlummert und sich in leichterem Erkranken auf geringfügige Ursachen hin verräth; dass aber in diesen Fällen fortwährend Neigungen zu neuen Störungen fortbestehen, ist selbstverständlich.

Die Geistesstörungen, welche zufolge einer schweren Kopfverletzung, der Insolation, Apoplexie, Meningitis u. s. w. entstanden sind, haben zumeist eine ungünstige Prognose. Ebenso bieten eine ziemlich schlechte Prognose die Geistesstörungen, die bei Herzerkrankungen oder Lungentuberculosen vorkommen. — Das postfebrile Irresein hat eine verschiedene Prognose, je nachdem es auf schweren cerebralen Complicationen beruht, oder nur Ausdruck von Anaemie und Erschöpfungszuständen ist. Die psychischen Erkrankungen aus

Anaemie und Menstrualstörungen werden häufiger gänzlich geheilt. Die Wiederkehr der Katamenen hat nur dann eine kritische Bedeutung, wenn die Geistesstörung aus einer ‚suppresio mensium' entstanden ist; sonst zeigt die Rückkehr derselben eine Besserung des Allgemeinbefindens an. Die temporären Geistesstörungen, die zur Zeit der Schwangerschaft, des Puerperiums und der Lactationsperiode manchmal vorkommen, endigen in der Mehrzahl der Fälle mit Genesung. Das chronische Irresein der Säufer stellt eine schwere idiopathische Hirnstörung dar und lässt höchstens eine Heilung mit Defect zu. Irresein aus sexueller Erschöpfung und Anaemie lässt nur in seinen Anfangsstadien und als affective Störungsform eine Genesung erwarten.

Anhaltender Kummer, nicht erfülltes Sehnen und Streben, ferner mächtige Leidenschaften sind es gewöhnlich, die zwar langsam aber sicher das psychische Leben untergraben und zerrütten. Kommen dazu noch materielle Noth, Trunk und andere Laster, so ist eine Genesung kaum mehr zu hoffen.

Aus allem dem geht klar hervor, dass eine Prognose, ob nun ein somatisches oder psychisches Moment die Krankheit hervorgerufen hat, niemals mit voller Sicherheit aufgestellt werden kann. Wichtiger noch ist der Umstand, ob eine psychische Ursache plötzlich oder allmälig eingewirkt hat. Eine vorübergehende aber heftig wirkende Ursache gestattet eine viel günstigere Vorhersage, als wenn langjährig einwirkende, die leibliche und geistige Constitution untergrabende physische Momente vorhanden sind.

Es genügt aber nicht bei der Aufstellung einer Prognose, die verschiedenen Krankheiten im Allgemeinen einer genauen Erwägung zu unterziehen, es müssen auch sowohl die psychischen als somatischen Einzelsymptome der krankhaften Affectionen im Besonderen berücksichtigt werden, indem sie öfter zur Aufstellung einer sicheren Prognose zweckdienlich sind.

In Betreff der psychischen Einzelsymptome kann man als ziemlich sicheres Kriterium annehmen: Intensive Trübung des Bewusstseins, wenn sie allmälig und erst im Verlaufe sich entwickelt, deutet auf ein schweres Krankheitsbild, während plötzlicher und primärer Eintritt der Bewusstseinsstörung günstiger ist.

Grosse Verworrenheit, wenn sie nicht auf der Höhe einer Psychose sich entwickelt, ist meistens ungünstig; besteht sie aber nach dem Abschlusse des akuten Stadiums und nach erloschenen Affecten fort, so bezeichnet sie fast immer den Eintritt eines nachfolgenden Schwächezustandes. — Gedächtnisschwäche, namentlich partielle, und die sich auf die Vorgänge der Jüngstvergangenheit bezieht, deutet auf eine schwere idiopathische Erkrankung.

Verschrobenheit der Gefühle, des Gedankenganges, üble Neigungen und Excentricitäten im Verlaufe einer bereits abklingenden Psychose lassen auf einen sich ausbildenden Schwächezustand schliessen; während andererseits Wiederkehr der früheren Neigungen, Gewohnheiten, der ethischen Gefühle und moralischen Urtheile eine baldige Lösung der Krankheit erwarten lassen.

Was die Grössenideen anbelangt, sind sie inhaltlich in prognostischer Beziehung viel ärger als die depressiven — unter diesen sind wieder diejenigen, welche sich auf Grundlage eines herabgesetzten Selbstgefühles entwickeln, viel günstiger als Verfolgungswahnideen.

Sinnestäuschungen sind böse Anzeichen sobald sie stationär sind und in mehreren Sinnesgebieten auftreten. Illusionen sind weniger bedenklich als Hallucinationen; unter diesen sind Gehörs-, Geschmacks- und Geruchstäuschungen ungünstiger als die des Gesichtes.

Was die somatischen Einzelsymptome anbelangt, kann man bei der Aufstellung einer Prognose folgende Anhaltspunkte beobachten: Motorische Störungen aller Art haben eine wichtige und meist ungünstige prognostische Bedeutung, insoferne sie schwere idiopathische Erkrankungen anzeigen. Dies gilt namentlich für Convulsionen. Lähmungen u. s. w., sofern sie nicht Theilerscheinungen einer hysterischen Erkrankung sind.

Sprachstörung — Silbenstolpern — hat Esquirol sogar
als Zeichen eines lethalen Ausganges bezeichnet, als Indicien
apoplectischer Anfälle. Derartige Sprachstörung deutet immer
auf schwere idiopathische Erkrankung (Paralyse), Zähneknirschen
hat dieselbe Bedeutung.

Auch der Blick, Mienen und die Haltung sind prognostisch
sehr wichtige Erscheinungen. Die Erschlaffung der Muskeln,
das herabsinkende Kinn deuten meist den Uebergang in Blödsinn an. Eine besondere Aufmerksamkeit verdienen die Aenderungen der mimischen Innervation. Da, wo der Ausgang des
Irreseins ein ungünstiger ist, verrathen ihn oft sehr früh schon
der blöde. der stiere und ausdruckslose Blick, die eigenthümlich
verschrobenen, durch ungleiche Innervation und Contracturen
verzerrten und verwitterten Züge.

Sehr bedenkliche Erscheinungen sind die Schlaflosigkeit
und Nahrungsverweigerung, namentlich wenn sie nicht vorübergehend bestehen.

Von besonders guter Vorbedeutung ist, wenn die Zunahme
des Körpergewichtes, die Regulirung des Schlafes erfolgt, gleichzeitig aber auch eine entschiedene Besserung der psychischen
Erscheinungen eintritt.

Im Allgemeinen ist die Prognose umso günstiger, je
jünger das Individuum ist und je rascher der Eintritt der
Melancholie erfolgt ist, oder mit anderen Worten, je kürzer
das Einleitungsstadium gedauert hat, desto mehr Hoffnung ist
zur Heilung.

Unter den Krankheitsformen, die als Exaltations-Zustände
bezeichnet werden, kommt wohl am häufigsten die Tobsucht
vor. In prognostischer Beziehung stösst man auf mancherlei
Schwierigkeiten: Vor Allem ist es sehr schwer, den Zeitpunkt
zu bestimmen, in welchem die Tobsucht ihr Culminations-
stadium erreicht hat; ebenso ist es nicht leicht, während der
Abnahme der Erscheinungen anzugeben, ob man es mit ein-
tretender Genesung oder mit einem prekären Nachlasse zu
thun habe, dem in kürzerer Zeit neue und heftige Ausbrüche
folgen werden. In Anbetracht dieser Umstände wird man sich
immer nur reservirt aussprechen können, und bevor nicht

Zeichen anhaltender Genesung auftreten, wird man die grösste Wachsamkeit und Vorsicht anwenden müssen. Ja, die Erfahrung lehrt — und das möge man sich stets vor Augen halten, dass selbst solche, die man als Genesene zu betrachten guten Grund hatte, öfter für längere Zeit rückfällig geworden sind.

Bei der Aufstellung einer Prognose bezüglich der Tobsucht muss ferner in Erinnerung gebracht werden, dass die Heftigkeit der Anfälle kein Kriterium für eine ungünstige Prognose ist; wohl aber ist von ungünstiger Bedeutung die periodisch intermittirende oder periodisch mit Melancholie abwechselnde, ferner die mit Epilepsie verbundene Tobsucht.

Indem die Andauer der psychischen Krankheiten zur Stellung einer Prognose von besonderer Bedeutung ist, so mögen folgende Bemerkungen zur Richtschnur dienen: Die Dauer des Verlaufes der Tobsucht ist in der Regel umso kürzer, je jünger das Individuum ist; ferner ist die Dauer des Verlaufes kürzer, je weniger lang das Einleitungsstadium gedauert hat; endlich ist auch massgebend die Intensivität der Anfälle, je heftiger diese sind und in je kürzeren Zwischenräumen sie anfänglich auftreten, desto kürzer ist die Dauer des Verlaufes.

Ein anderes Moment, welches bei der Prognosticirung der Dauer des Verlaufes der Tobsucht zu beachten ist, besteht in gewissen Symptomen; die Erfahrung lehrt, dass die Dauer eine lange zu sein pflegt bei Kranken, die sich mehr durch vieles Sprechen als durch andere tobsüchtige Muskelactionen bemerkbar machen.

Die finale Prognose der Tobsucht ist, dass sie in andere oft unheilbare Irreseinsformen übergeht, oder es erfolgt der Tod durch heftige Gehirnhyperaemie bald durch Erschöpfung.

Eine dritte und schwere Form der psychischen Krankheiten ist der Wahnsinn. Insoferne der Wahnsinn sich immer aus der Tobsucht oder Melancholie heranbildet und selbst im Beginne seines Auftretens noch oft die deutlichen Charaktere dieser primären Formen an sich trägt, aber eine gefährlichere Erkrankung ist, gestaltet sich die Prognose beim Wahnsinn ungünstiger als bei den primären Formen, aus denen er sich entwickelt hat.

Zu den wichtigsten somatischen prognostischen Zeichen im Zusammenhange mit den psychischen gehören schliesslich die Gewichts-, respective die Ernährungsverhältnisse der Kranken. Eine mit der psychischen Besserung parallel gehende oder sie einleitende Gewichtszunahme, besonders wenn sie eine rapide ist, erscheint nach vielfach angestellten Forschungen als ein sicheres Zeichen der Reconvalescenz. Ein geringes Zurückgehen des Körpergewichtes nach erreichter Maximalhöhe der Krankheit verbürgt die Genesung. Wo aber eine psychische Besserung ohne — oder ohne erhebliche — Gewichtszunahme vor sich geht, ist die Genesung zweifelhaft und ein Rückfall zu gewärtigen. Nimmt die Ernährung zu, ohne dass der psychische Zustand sich bessert, so deutet dies den Uebergang in unheilbaren Schwächezustand an.

Diese allgemeinen Kriterien, die aus zahlreichen Erfahrungen abstrahirt sind, eignen sich zur Stellung einer so ziemlich verlässlichen Prognose bei den Geistesstörungen, und sie leisten dem Seelsorger vorzügliche Dienste, damit er sich ein Zukunftsbild von dem Zustande des Kranken entwerfen könne. Noch grössere Vortheile gewährt dem Priester die Kenntnis der speciellen Kriterien, die zur Beurtheilung derjenigen psychischen Krankheiten dienen, bei welchen er noch einigen Einfluss nehmen kann. Worin nun diese Kriterien bestehen, will ich in aller Kürze darstellen.

Ich spreche zuerst von der Prognose der Hypochondrie.

Der Verlauf der Hypochondrie ist in der Regel ein chronischer, bei dem Remissionen und Intermissionen mit Abwechslung stattfinden; doch gibt es immerhin Fälle, die einen rascheren Verlauf einhalten, und namentlich sieht man solche zur Zeit epidemischer Krankheiten unter dem Einflusse der Furcht entstehen. Die Prognose die man bei Hypochondern stellen kann, ist umso günstiger, je frischer die Erkrankung, je freier der Geist, je geselliger die Kranken sind und je weniger sie physisch herabgekommen sind, ganz besonders aber so lange kein organisches Leiden aufgetreten ist, das anderweitig sich als gefahrdrohend oder unheilbar erwiese. Fehlen aber die soeben bezeichneten Kriterien, wird man immer mit Besorgnis der Zukunft entgegensehen müssen.

Was aber die zweite und schwere Erkrankungsform, die Melancholie, anbelangt, so ist der Verlauf derselben nur in seltenen Fällen von kurzer Dauer. Meistens ist der Verlauf der Schwermuth chronisch und continuirlich, zuweilen auch, und zwar im Beginne, remittirend und scheinbar intermittirend, so dass nach einigen Tagen tieferer Melancholie Erleichterung, Ruhe, Schlaf und Besonnenheit eintreten. Zuweilen stellt sich ein periodischer Wechsel von Melancholie und Manie ein.

Wird eine zweckmässige Behandlung eingeleitet und rationell durchgeführt, so währt die Dauer der Schwermuth von vier bis zwölf Monaten. Die meisten Kranken genesen in diesem Zeitraume oder, sofern sie am Leben bleiben, fallen sie anderen Irreseinsformen anheim, die mehr oder weniger Aussicht auf Heilung zulassen. Nach Ablauf eines Jahres sind, namentlich bei männlichen Individuen, selten Heilungen zu verzeichnen. Damit aber eine Heilung als dauerhaft mit einiger Wahrscheinlichkeit bezeichnet werden könne, müssen die krankhaften Erscheinungen langsam und allmälig schwinden.

Die zuverlässigen Kriterien bezüglich der Prognose des Wahnsinnes lassen sich in Folgendem zusammenfassen : Je mehr die Zahl der Wahnvorstellungen sich beschränkt und fixirt, je ruhiger der Kranke in seinem Benehmen wird, je weniger dabei auffallende körperliche Störungen vorkommen, je allmäliger die psychische Krankheit sich entwickelt und je länger sie überhaupt gedauert hat, desto ungünstiger gestaltet sich die Aussicht auf Heilung.

Am Schlusse dieser Vorträge möchte ich Allen, denen das edle Werk der Menschenbildung anvertraut ist, aus der Tiefe meiner Seele zurufen, diese aufgestellten psychiatrischen Grundsätze zu beherzigen und zur Anwendung zu bringen.

Insbesondere sollen die Priester, die mit dem Amte der Seelenheilung betraut sind, an diesem Rettungswerke unermüdet
arbeiten. Wohl ist ausser Zweifel gestellt, dass diese pastorelle
Thätigkeit viel Mühe und Kummer bereitet, ja oft die ganze
physische und geistige Kraft in Anspruch nimmt. Doch nicht
fruchtlos ist die Arbeit, und ein glückliches Gelingen, ein
günstiger Erfolg bei dieser seelsorglichen Thätigkeit entschädigt
den Priester reichlich mit dem seligen Bewusstsein, eine
Familie glücklich gemacht zu haben, welcher er ein theures
Glied gerettet hat: und unschätzbar ist das Verdienst, das er
sich um die menschliche Gesellschaft und vor Gott erworben
hat Wahrlich, wenn auf diesem Gebiete Priester und Aerzte,
Kirche und Staat von Einem Geiste beseelt in einmüthiger
Weise zusammenwirkten, würde gewiss die Zahl der bedauernswerthesten Kranken — der Geistesgestörten — vermindert
werden. Dieses harmonische Zusammenwirken ist namentlich
in unserer Zeit umso nothwendiger, wo die socialen Verhältnisse nach allen Richtungen hin ganz und gar geeignet sind,
die Geistesstörungen intensiv und extensiv zu begünstigen.

INHALT.